幕末期の八王子千人同心と長州征討

岩橋清美・吉岡孝【編】
Iwahashi Kiyomi
Yoshioka Takashi

岩田書院

目 次

八王子千人同心長州征討日記の概要

岩橋　清美
吉岡　孝

はじめに

昨年（二〇一八年）は明治維新一五〇年であった。さまざまな議論があるだろうが、以下のような危惧が表明されている。「「明治翼賛」の大合唱は、現在進行しつつある、国家中心の「国のかたち」を目指す動きと重なり合い、開かれた歴史と社会への眼差しを摘み取るとともに、多様性を孕んだ歴史と社会に目を閉ざすことになりかねない(1)」。我々は国民国家・近代化という視座を絶対視して進歩史観に陥ってはならない。そのためにここでは二つの視点を設定したい。

一つには合理性の相対化である。長い間、明治維新の主役は西南雄藩とされ、従ってそれらの存在が近代化の主体とされてきた。そのため合理性は西南雄藩に高く、江戸幕府には低いとされている。しかし近年の研究では幕末の江戸幕府も中央政権に相応しい開明性を備えていたとの指摘も一般化されつつある(2)。しかし現状では未だしの感も拭いきれない。そのような状況に鑑みると、幕末の江戸幕府の組織に合理性を発見していく行為は、近代の多様性を考察していく上で肝要なことであろう。

二つには身体性の提起である。アジア太平洋戦争後、歴史学に巨大な影響を与えた社会構成体史は顕著に退潮している。この点は理由のあることであり、特段の感慨はないが、それとともに体系的に歴史を観る思考も顕著に退潮したことは、歴史学の危機であると認識している。そこでここでは身体性に着目したい。身体を持っていない人間はいない。つまり普遍性を担保するに相応しい視角なのである。身体は一人一人、集団毎に、時代によって、その認識が異なる。我々は真理の名の下に個別の身体を統合するのではなく、一つ一つの感性に即して歴史を再構成したい。(3) 周知のようにフランクフルト学派の嚆矢ホルクハイマーとアドルノは「啓蒙は野蛮に転化しうる」とした。(4) そのような転化を防遏するためには、理性と感性を対立的に捉えるのではなく、理性を感性の一部として重要ではあるが身体活動の一部として捉えるべきではないだろうか。

そのために本書では、幕末期における八王子千人同心の動行を明らかにすることとした。具体的には本書収録の論文は、すべて第二次長州征討に従軍した八王子千人同心の日記(以下「征討日記」とする)を分析対象にしている。従って残存しているその日記の概要を知ることが、論文の理解には肝要になる。以下そのことに紙数を割きたい。

第一節　征討日記の概観

次表は今回確認した千人同心征討日記をまとめたものである。これ以外にも存在したことは確実である。(5) まず表をみてみよう。作成者の役職は組頭四人、世話役一人、平同心四人であり、定員からすればやはり組頭が多い。小隊別に分類してみると第一小隊三人、第二・第三小隊〇人、第四小隊二人、第五小隊〇人、第六小隊一人、第七小隊一人、

八王子千人同心征討日記表

	日記作成者	居住地（現在地）	役職	期間	「史料名」『刊本』（未刊のものは所蔵者）	略称
1	丸山惣兵衛	多摩郡雨間村（東京都あきる野市）	第八小隊半隊司令士（組頭）	慶応元年5月～慶応2年11月	『御進発御供中諸事筆記』上中下（秋川市教育委員会）	丸山日記
2	小嶋隆蔵	多摩郡小山村（東京都町田市）	第七小隊左嚮導（組頭）	元治元年8月～慶応2年11月	『御進発御供日記』一二三（町田市教育委員会）	小嶋日記
3	石田菊太郎	多摩郡川原宿（東京都八王子市）	第一小隊歩兵（平同心か）	慶応元年6月～慶応元年11月	「御進発御用日記」他（石田家）	石田日記
4	土方健之助	多摩郡新井村（東京都日野市）	第八小隊歩兵（平同心）	慶応元年5月～慶応2年11月	『慶応元年　御進発御用日記』（日野市教育委員会）	土方日記
5	青木壮十郎	多摩郡乙津村（東京都あきる野市）	第四小隊左嚮導（組頭）	慶応元年4月～慶応元年7月	「御進発御用日記」他『旧多摩郡油平村名主　中村家文書』（東京都教育委員会）	青木日記
6	中村国太郎	多摩郡油平村（東京都あきる野市）	第四小隊歩兵（世話役）	慶応元年7月～慶応元年8月	「御進発御用留并日誌」『旧多摩郡油平村名主　中村家文書』（東京都教育委員会）	中村日記
7	小野造酒之助	多摩郡犬目村（東京都八王子市）	第一小隊右嚮導（組頭）	慶応元年5月～慶応2年10月	「千人同心御進発御供中手控日記」他『八王子千人同心史』資料編Ⅱ（八王子市教育委員会）	小野日記
8	榛澤熊太郎	入間郡根岸小谷田村（埼玉県入間市）	第一小隊太鼓方（平同心）	慶応元年4月～慶応2年2月	「御進発御供在坂中日記」他（入間市博物館）	榛澤日記
9	萩原安右衛門	高座郡小山村（神奈川県相模原市）	第六小隊歩兵（平同心）	慶応元年5月～慶応2年8月	「国元ヨリ大坂迄日記」他（相模原市立博物館）	萩原日記

第八小隊二人であり、多少の偏りが感じられる。しかしこれに関する因果関係は不明で、本稿では小隊と日記作成の因果関係は存在しないと考えておく。

記載内容の期間は、千人同心が第二次長州征討に実際に動員された慶応元年(一八六五)四月から五月に記述が始まっている場合が多い。因みに元治元年(一八六四)八月は、第一次長州征討の関係で千人同心に動員がかかった日付である。しかし慶応元年までは実際に動員されることはなかった。終期は千人同心が長州征討から八王子に戻った慶応二年一一月までの場合が多い。千人同心に関しては、文字通り長州征討の最初から最後までを日記に記していたわけである。

これらの日記に関して、刊本になっているものはそれを記し、そうなっていないものは原史料のタイトルと所蔵機関を記した。また後掲論文では日記は略称を記して用いられている場合もあるので、その略称も記しておいた。

以下は個々の日記について検討を加えたい。

1 丸山日記—御進発御供中諸事筆記

日記作成者(以下「記主」)の丸山惣兵衛は諱を定静といい、文政七年(一八二四)五月に父長七郎に代わって千人同心組頭となった(6)。丸山家は戦国大名武田氏に仕えていたが、武田勝頼の滅亡後、天正一〇年(一五八二)以降は徳川氏のもとで戦功を遂げ、同一八年には武州山之根筋に七〇〇貫文の給地を宛う朱印状を与えられるも、それを辞退して土着したという由緒を持つ。

同家は慶長四年(一五九九)以前は多摩郡小川村(現東京都あきる野市)に居住していたが、同年に領主青木氏の招きにより雨間村(現あきる野市)に移住し、名主役を勤めることになった。同家が千人同心を勤めるようになったのは、初代小右衛門の時で、同五年に石坂弥次右衛門に召し出され組頭役を勤めたことに始まる。小右衛門は関ヶ原の戦い・大坂の陣に出陣している。その後、同家は代々組頭役を勤め、寛政四年（一七九二）の御改正では三俵の足高を請け、三〇俵一人扶持を賜ることになった。

惣兵衛は、天保五年（一八三四）五月以降には散田村向原（現東京都八王子市）で行われた長柄調練・火術稽古に参加し、弘化三年（一八四六）には江戸城で行われた長柄調練において手当銀三枚を下賜された。文久三年（一八六三）の将軍上洛、翌元治元年（一八六四）の再上洛に供奉し、同年一一月には「甲州表賊徒追討」にも出張している。丸山家は千人町には居住していないが、慶長以来組頭を勤める旧家であり、幕末の一連の行動から見ても千人同心内部では職務に対して非常に意識が高かったと言える。惣兵衛の千人同心としての意識の高さは、後述するように日記の記述にも現れている。

惣兵衛は千人頭窪田喜八郎・原嘉藤次が率いる砲隊第八小隊の半隊司令士として従軍した。六一歳という高齢であった。

「丸山日記」の原本は六冊で、慶応元年（一八六五）五月四日から同二年一一月二日までの事柄が記されている。(7) 内容の中心は、老中・講武所・陸軍奉行・頭局・俗事掛りから発給された触書の写しと日々の勤務の記録である。後掲吉岡論文で触れられているように、頭局は千人頭原嘉藤次・窪田喜八郎等のことであり、俗事掛とは頭局の命令を第一小隊から第八小隊に順達する役割を担う者で、粟沢政右衛門・神宮寺金一郎・坂本源吾之助等がこの任にあたっていた。頭局の指示は俗事掛を通して第一小隊から第八小隊へ達せられた。日記は、頭局・俗事掛の指示に従い、日々の勤務を遂行するために書かれていたわけだが、彼自身の個人的な行動記録や、将軍の上覧における自らの感慨などが記されているところに、特色がある。

2 小嶋日記―御進発御供日記・御進発御供在坂中日記

記主の小嶋隆蔵は多摩郡小山村(現東京都町田市)の出身で、明治二年(一八六九)に三〇歳になっているので、天保一一年(一八四〇)の生まれである。諱は義隆。弘化四年(一八四七)に父重蔵の跡を継いで千人同心に就いた(8)。隆蔵の祖父重蔵は小山村の名主を勤め、祖母も名主兵助の娘であった。父の名前は祖父と同じ重蔵であり、千人同心を勤めた。文久三年(一八六三)六月に世話役、文久三年一二月に組頭に昇進している。長州再征時には前述の丸山惣兵衛と同様に砲術方に属し、第七小隊の左嚮導を勤めた。左嚮導とは司令士・半隊司令士・右嚮導に次ぐ役職である。

隆蔵は長州征討の従軍日記を八冊残している。その内訳は①「慶応元乙丑年五月　御進発御供日記　第一」、②「慶応元丑年五月六月　御進発御供道中日記　第二」、③「慶応元丑年七月八月　御進発御供在坂中日記　第三」、④「慶応元乙丑年九月十月　御進発御供在坂中日記　四」、⑤「慶応元乙丑年十一月　御進発御供在坂中日記　第五」、⑥「慶応二丙寅年正二三月　御進発御供在坂中日記　第六」、⑦「慶応二丙寅年四五六月　御進発御供日記　第七」、⑧「慶応二丙寅年七八九十十一月　御進発御供日記　第八」である(9)。

内容は丸山惣兵衛の「御進発御用御供中諸事筆記」と同様に、講武所・陸軍奉行・頭局・俗事掛からの命令・指示が中心である。丸山の日記では、慶応二年(一八六六)四月に芸州に向けて出発してからの記述が次第に少なくなっていくのに対し、「小嶋日記」は記述が一定しており、慶応元年五月に八王子を出発してから、翌二年四月までの在坂中の勤務状況、その後の芸州・小倉への出陣と戦闘、同年八月の小倉撤退、松山を経由して大坂に戻ったのち、一一月に八王子に帰還するまでの過程を詳細に把握することができる。

3　石田日記―御進発御用日記・御進発御用日記控

石田日記については後掲岩橋論文に詳しい。ここでは簡単にまとめておくと、石田家が千人同心を勤めるようになったのは、幕末期の菊太郎から数えて六代前の当主又兵衛の時で、千人頭原半左衛門組の同心に召し抱えられた。(10)又兵衛は慶安五年(一六五二)六月に「日光火之番」を勤め、明暦三年(一六五七)九月に死去した。その後、石田家は代々原組の同心を勤めた。菊太郎から数えて二代前の太左衛門は明和六年(一七六九)に家督を相続し、同八年九月、日光勤番中に日光神橋御普請の御加番を命じられた。その後も日光勤番中の安永七年(一七七八)一二月に御宮御霊屋御修復の御加番を勤め、褒美として白銀を賜った。太左衛門は寛政一二年(一八〇〇)一一月に原組の組頭に任じられ、その後、石田家は組頭を勤めることになった。

記主の石田菊太郎の長州征討従軍日記は二点が現存する。一点は表紙に「御進発御用日記　全下」とあり、二点目は表紙に「御進発御用日記控三」とある。二点とも形態は竪冊、かぶせ綴である。「御進発御用日記　全下」は慶応元年(一八六五)六月八日から同年一〇月三日までの記録で、「御進発御用日記控　三」は慶応元年一〇月二日から同年一一月七日までの記録である。日記の末尾には「石田義武芸州出陣之砌ニ大坂陣小屋ニ而控之、慶応元年　廿一才」とあるように、菊太郎の大坂滞在中の記録であり、広島出陣に向けて準備が始まるところで終わっている。(11)その後の菊太郎の動向は不明である。なお、一冊目の表紙に「全下」とあるので八王子を出発して大坂に到着するまでの日記が存在した可能性もある。

記録の中心は老中・講武所・陸軍奉行・頭局・俗事掛からの触書・廻状の写であり、菊太郎の個人の行動記録はほとんど書かれていない。菊太郎は砲術方第一小隊に所属し、とくに役職についていたわけではないが、日常的な指示を記録するために日記をつけていたといえる。

4　土方日記―御進発御用日記

土方家は多摩郡新井村（現東京都日野市）にあり、記主である健之助の父甚蔵も千人同心を勤めている[12]。千人同心の跡は兄勇太郎が継いだ。勇太郎は大平真鏡流を学んだが、安政六年（一八五九）三月に土方歳三らとともに天然理心流近藤周助にも入門している。このためか歳三と勇太郎の縁は深い。歳三が宇都宮城攻略戦の時に敵前逃亡しようとした兵士を斬り、その者の供養を涙ながらに頼んだという著名なエピソードの相手は、警備のため日光に来ていた勇太郎とされている。

健之助は兄に代わって見習として長州征討に参加した。健之助は慶応元年（一八六五）時にはわずか一九歳であった。日記の内容は五月四日に発令された「御軍令」から始まっている。通達の写が内容の一つの柱であったことは疑い得ない。しかし後掲吉岡論文で触れられる「帰国反対一件」に関しては詳細に記録を取っている。これは健之助が組頭ではなく、平同心であり、平同心側にシンパシーがあったからではないだろうか。

さらにこの日記の特徴は、むしろ健之助の個人的な関係が日記に表われているところにある。健之助の兄は天然理心流を学び、歳三と親交があったことは記述したが、その縁があったからであろうか、京都で新選組と交流している。慶応元年九月一八日の日記には、非番であり「二条御城御所拝見致シ、京師西六条新選組屯所江罷越、近藤先生土方歳三殿井上君沖田君其夜大勢ニ而酒肴ニ而馳走ニ相成、夫より源三郎君ニ僕壱人拝借、伏見江夜四ッ時ニ帰り候」と記している。近藤勇は「先生」であり、歳三は「殿」、井上源三郎・沖田総司は「君」と敬称を使い分けていることが興味深い。井上源三郎は兄の松五郎が千人同心なので千人同心とは縁が深く、ここでも下僕を一人貸してくれたようである。健之助は帰国に際しても「京都西六条新選組旅宿罷越、其夜一泊仕候」（慶応二年一〇月晦日）と新選組の屯所に一泊している。

この日記は竪二五センチ×一七・五センチの竪帳一冊に記されている。丁数は三四〇丁に及ぶ。おそらく長州征討が終わり、帰国してからまとめたものであろう。

5 青木日記―御進発御用留・御進発御用留幷日誌

6 中村日記―御進発御用留幷日誌

この二つの日記は今まで紹介してきた諸日記とはやや詳細を異にしている。(13)「青木日記」と略称する日記は二点からなる。一冊目は「御進発御用留」で記主名は「砲術方組頭青木壮十郎」になっており、表紙には「元治元子稔九月ヨリ」とあるが、実際の記述は慶応元年(一八六五)四月の駒場野での行軍式関係の記述から始まる。その前年の元治元年(一八六四)九月というのは、第一次長州征討に関わり千人同心に動員令が下った日付であり、実際に出動することはなかったが、一連のものとして意識されていたのであろう。青木は慶応元年閏五月一一日まで記述を続けている。内容は伝達された法令の写と隊内の俗事である。

閏五月一二日からは「御進発御用留幷日誌」になっている。記主名は「講武所砲隊千人組組頭青木壮十郎」であり、表紙には「二巻目/在坂中」とあり、先の記録の続きとして記されたことは明白である。千人同心は閏五月一〇日に大坂に到着し、ここから行軍とは違った生活が一年近く続く。当然隊内の問題も変質してくるのであり、「日誌」という言葉が加わったのはその反映と推定される。内容も隊内俗事が増えている。青木は慶応元年七月二五日まで日記をつけている。

翌日の二六日からは「講武所砲術方千人隊四番小隊組頭中村」が「御進発御用留幷日誌」を記している。この「中村」は史料の伝来状況等から、第四小隊の兵士で世話役の中村国太郎とするのが最も自然である。中村は慶応元年三月に世話役に昇進している。彼が組頭に昇進したという記録はなく、世話役は組頭を補佐する機能もあったとされるので、臨時に組頭の役割を果たしたと考えられる。この日記が先の青木が記した日記を継続するものと考えられていたことは、表紙に「三巻目／在坂中」とあることからも明らかであろう。記述内容もほぼ踏襲されている。中村は慶応元年八月一六日までこの日記を継続している。それ以後の日記は発見されていない。

この「青木日記」と「中村日記」の特徴は、二人の間で引き継がれたということであろう。つまり千人同心砲術方第四小隊の公式日記だったということである。そして基本的にはその記述内容は他の日記にも確認することが出来、他の日記も公式性が高いものと評価される。しかし公式性だけですべての日記を位置づけられるものではない。

このように「青木日記」「中村日記」を公式日記と位置づけると、興味深い史料が浮かび上がる。それは「千人隊炮術方四番小隊中邨國太郎」が記した「御進発御下知状写／御行列之記幷御用留」である。(14)「下知状写」とは慶応元年五月四日、幕府が「毛利大膳為征伐進発」を命じた「御軍令」であり、長州征討動員を正統化するに最も相応しい史料である。これに進発の行列が長々と引用され、最後には千人同心の砲術方・太鼓方・長柄方・方色方の人員構成が記されている。因みに「青木日記」にはこれらは記述されていない。これらはその重要性のため通常の日記とは別に記録されていたのであり、そのために白羽の矢が立ったのが中村だったということなのであろう。そうであれば、青木の後を中村が引き継ぐことは自然であったといえる。

青木壮十郎は、多摩郡乙津村(現東京都あきる野市)に居住した千人同心組頭で第四小隊の左嚮導を勤めた。慶応二年八月二五日に四国松山で死去している。中村国太郎の中村家は、江戸時代初期以来、代々名主を勤めた家であり、寛政八年(一七九六)から千人同心になっている。国太郎は嘉永四年(一八五一)に千人同心に就任、先述したように慶応元年三月に世話役になり、第四小隊の一員として第二次長州征討に出陣した。後掲吉岡論文で触れられる「帰国反対一件」の当事者栗原森次郎等五人に付き添って、慶応二年三月にいったん八王子に戻っている。それから大坂に取って返したが、千人同心本隊はすでに広島に行軍していた。そのため以後は陸軍奉行竹中重固の附属になった。たぶん護衛兵のような任務を果たしていたのではないか。竹中とともに長州戦争最大の激戦地である大野村も訪れている。長州戦争を生き抜いた中村は無事に帰国、明治に徳川家が静岡藩を立藩すると、浜松に移住している。

7　小野日記―千人同心御進発御供中手控日記 他

小野家は、由緒書によると貞享年中（一六八四～八八）より千人同心を勤めていたという。[15]先祖杢左衛門が貞享年中に千人頭山本弥右衛門組の同心に命じられ、その後、浅右衛門・与一郎・兵吉・戸右衛門・弥兵衛・友三郎と千人同心を勤め、記主である造酒之助にいたっている。とくに友三郎は文政六年（一八二三）に祖父戸右衛門の跡を継ぎ二五年間千人同心を勤めた。同人は天保二年（一八三一）二月から一〇月まで、日光東照宮の修復時に勤番を勤めたことにより褒美銀二枚を下賜されており、天保一三年一一月から同一四年三月にかけて、江戸城の吹上上覧所前でたびたび「足並稽古」を勤めた。こうした功績からか、弘化三年（一八四六）九月に組頭役を仰せ付けられた。長州征討では、第一小隊右嚮導であった。小野家は犬目村（現東京都八王子市）の村役人家であり、一九世紀初頭には桂有制・桂有文と名乗る歌人も輩出している。

造酒之助は大量の長州征討関係の史料を作成している。日記としてまとまっているものを挙げると以下の通りになる。[16]①「千人同心御進発御供中手控日記」（元治元年（一八六四）一一月～慶応元年（一八六五）五月六日）、②「（御進発御供道中並びに伏見・在坂中記録）（後欠）」（慶応元年五月一〇日～六月六日）、③「御進発御供在坂中手控日記」（慶応元年

七月二〇日~九月二六日)、④「御進発御供在坂中手控日記」(慶応元年九月二七日~一〇月一六日)、⑤「御進発御供伏見滞留中並在坂中控」(慶応元年一〇月一六日~二六日)、⑥「御進発御供大坂ヨリ広島出張道中控」(慶応二年四月六日~五月二九日)、⑦「長州御征伐在倉中日記」(慶応二年七月一八日~七月二九日)、⑧「小倉引揚ヨリ日田廻り靍崎より渡海松山滞留日記」(慶応二年七月三〇日~九月二〇日)、⑨「豫州松山滞留日記」(慶応二年九月二六日~一〇月三〇日)。

上記のものは記録を集めて清書したものと考えられる。そのため滞在した土地によって整理されている。①は長州征討に出発する以前の江戸周辺にいた時期のもの。千人同心は慶応元年五月一〇日に八王子を出立して江戸に赴き、翌日に上方に向けて旅立つ。大坂に着いたのは閏五月一〇日である。その様相は②に記されている。大坂滞在は長期にわたったため③~⑤までに分割して記されている。これらは必ずしも土地によって区別されていたわけではないが、④と⑤の画期である一〇月一六日は千人同心が伏見から大坂に移動した日なので、移動が全く意識されなかったわけではない。⑥は大坂から広島に移動する際に同地に滞在していた時のもの。広島から小倉に向けて移動したのは六月一日である。小倉到着は六月一四日であり、日田に向かって敗走するのが七月三〇日であり、⑦ではその末期の様子が記されている。日田・鶴崎を経由して松山に着いたのが八月二一日、松山滞在中の様子は⑧⑨に記されている。一〇月三〇日に千人同心は京都を発って帰国の途に着く。

上記の日記は造酒之助がさまざまな関係史料からまとめた記念碑的な日記と意識されていた。上記の史料の表紙に造酒之助は「小野高制」と諱を記してある場合が確認される。造酒之助は大坂城で将軍に千人頭が御目見した時に随伴し、自分たちも御目見同然になったと喜んだ人物であり、諱の記載からは彼の武士意識を窺うことができるとしていいであろう。

なお小野家には清書だけではなく、それの基になったと思しき史料や関連史料も多く残されており貴重である。(17)

8　**榛澤日記**―御進発御供在坂中日記

榛澤は千人同心としての苗字であり、本姓は中島という。[18] 中島家の初代は寛永一二年（一六三五）入間郡根岸小谷田村（現埼玉県入間市）の検地帳に既に記載されている。なお、この村名については江戸時代を通じて安定しないが、ここでは上記のように表記することにした。中島家が千人同心に就任した時期は遅く、天保一一年（一八四〇）のことであった。榛澤という千人同心の株を買ったため、以後千人同心としては榛澤を名乗ることになる。この時の就任者は惣次郎であり、その跡を継いだのが記主の熊太郎で、文久三年（一八六三）のことであった。熊太郎は太鼓方の一員として長州征討に参加している。

熊太郎は「御進発御供在坂中日記」（慶応元年（一八六五）四月二日～一九日）という日記を残している。注目されるのは「御軍令条々」（慶応元年五月四日）、「丑年御達書写」（慶応元年一〇月二九日～一一月一六日）、「御進発御供方在坂中達書」（慶応元年一一月～一二月）、「御進発御供在坂中御達書写」（慶応二年正月四日～二月七日）などの達書の写が多く残されていることである。[19] この状況から推測されるのは、千人同心にとって達書を熟知し、その写を作成することは必須に近かったということである。しかし日記の作成は必須とはいえず、当事者の意識次第で作成の動機付けのレベルは異なった。

9　**萩原日記**―国元ヨリ大坂迄日記

記主の萩原安右衛門は、文化一一年（一八一四）相模国高座郡田名村（現相模原市）百姓金子喜右衛門家に生まれ、定次郎と称した。[16] 天保一二年（一八四一）に千人同心萩原武右衛門の養子となり安右衛門と改名し、安政元年（一八五四）

に家督を相続し千人同心を勤めることになった。長州征討に供奉したのは五二歳の時であった。安右衛門が萩原家に養子に入った契機は、彼が高座郡下九沢村（現相模原市）の八王子千人同心小泉茂兵衛に天然理心流の剣術を習っていたことによる。小泉茂兵衛と養家の萩原武右衛門が懇意であり、小泉の仲介により養子に入ったという。なお、「萩原」という姓は千人同心の職務を勤める時のみに名乗っており、本姓は「岡本」であった。

安右衛門は文久三年（一八六三）には将軍上洛に供奉し、元治元年（一八六四）には甲州道中駒木野の警備および筑波山で挙兵した天狗党の捕縛のため甲府へ出動した。その後、慶応元年（一八六五）には長州征討に出陣し、慶応三年一一月から一か月ほど横浜警備を勤め、同年一二月には荻野山中藩陣屋を襲撃した薩摩藩浪士隊の捕縛のために八王子宿に出動した。

安右衛門の長州征討日記は、①「国元ヨリ大坂迄日記」、②「大坂ヨリ広島迄日記」、③「芸州広島ヨリ小倉迄」、④「（九州小倉日記）」、⑤「大坂ヨリ国元迄」の五点である。①は慶応元年五月九日に小山村を出発してから大坂到着までの道中の記録と、大坂在陣中の慶応二年三月二九日までの日記である。②は慶応二年四月八日に広島に向けて大坂を出発した後の日記で、道中の様子と広島での警衛の状況が記されている。③は広島から小倉への道中記と小倉での活動、④は慶応二年八月に小倉を脱出し大坂に戻るまでの道中記、⑤は大坂から小山村に帰るまでの道中記である。安右衛門の日記は保存状態がよくないため、解読できない部分も多い。また④は表紙が欠損している。(21)

①から④は後日清書したものではなく、現場で倉卒の間に記したものである。形式も携帯に便利な横半帳である。安右衛門は文久三年の上洛にも供奉しており、その際は清書版を作成しているので、これらの記録を基に清書版の作成を期したと想像されるが、それは今日には伝わっていない。

日々の記述は天気から始まり、自身の活動を中心に記しており、丸山・小嶋・石田の日記のように触書や申渡を記録していない。安右衛門の日記をみると、大坂在陣中には、巡邏や調練のない休日も多かったことが窺われ、小倉では長州勢の砲撃を経験したことが断片的に記されている。大坂では体調を崩すこともあったが、休日には浄瑠璃やちょぼくれを聞きに行ったり、名所をめぐったりしている。安右衛門はスケッチの才能があったようで目立つ植物等を巧みに写生し、この記録に生気を与えている。

第二節　収録論文の概要

以下、収録論文の概要をまとめておきたい。

吉岡　孝「八王子千人同心からみた第二次長州征討」は本書の基調となる論文である。長州征討に参加した千人同心部隊の概要を、千人頭・砲(銃)隊・太鼓方・長柄方・旗指に分けて論じた。概していえば、砲隊に顕著であるように千人同心の組織は合理性に富んだものといってよい。

そしてそのような砲隊を支えていたものは、千人同心が地域社会で培ってきた自律性である。その自律性が最も良く表われたのが俗事掛である。俗事掛は江戸幕府が正規に定めた役職ではなく、自然発生的に生じた役職であり、多くの平同心の利害を代表するものであった。彼らは寄合などを通じて活動した。そしてそのような自律性が最も表われたのが帰国反対事件である。仲間が不当に帰国させられると判断した千人同心は、徒党して陸軍奉行の宿舎に押しかけて抗議している。さらに目を千人同心たちの服装に転じてみると、彼らの身体を包んでいたのは、身分表象としての「出立」ではなく、軍服であった。これは、儀礼などによる身分制的統治とは別の論理に拠らなければ支配の貫徹が難しかったことを意味している。

そのために取った対策が将軍の身体の視覚化である。駒場野で、玉造講武所で、追手門で、家茂はその身体を衆人に曝して、つまり言葉ではなく、自己の身体を通じて人々に語りかけた。このような身体の使用法は、千人同心などの洋式化部隊には効果的であったろう。しかし千人同心が洋式化に成功したのは、地域社会の変容があったからである。それを敷衍して考えれば、民衆のなかにも身分越境状況が一般化していたのだから、身体を通じた支配は広く民衆統治にも有効といえよう。このような「みえる身体」による統治は近代に先駆けたものである。

宮澤歩美「八王子千人同心における洋式軍隊化の実態」は、元来、長柄同心であった千人同心が洋式歩兵化していく様相を、安政の軍制改革まで遡って明らかにしている。特に強調したいのは一年にも及ぶ大坂滞陣の意義である。従来この滞陣は幕府の退嬰的な姿勢の象徴のように考えられてきたが、しかし千人同心に即して考えれば、当時最新鋭の幕府陸軍との合同調練によって洋式部隊としてのレベルアップが企図されたとの指摘は重要である。また合同調練は幕府陸軍全体としてのレベルアップにも大きな意味をもっていたことは容易に想像しうる。

高野美佳「長州出兵時の儀礼と八王子千人同心」は、将軍と千人同心との儀礼関係に着目したものである。文久改革による倹約方針もあって服装が簡略化されていき、殿中儀礼空間も大きく変容していく。そのような条件下で新しく出現した千人同心のような洋式歩兵は、独特な存在になっていく。ここでも家茂は、その身体とそして音声を使って新しい儀礼空間に即した統治を志向していくことになる。身体を通じて幕末期の特質を考察したものである。

西留いずみ「八王子千人同心と医療」は、千人同心が遠征中にどのような医療環境にあったのかを考察したものである。この点は従来等閑に付されていた問題といっていいであろう。慶応元年(一八六五)から二年にかけての大坂には大量の幕府軍が集結し、健康環境はかなり悪化していたと思われる。幕府は緒方洪庵の除痘館などの既存の施設を使いながら、合理的に対処している。また医師も専門による分化や容体書の作成などを行ない、大量の兵士を診断し、病気の者は治療して戦線に送り出すという体制が、不十分ながら存在していたことに言及する。近代的組織と身体との矛盾、そしてその止揚という視点を提供している。

井上　翼「大坂から広島までの八王子千人同心の動向」は、千人同心が広島に移動する間に遭遇した第二奇兵隊事件への対応と、広島での滞陣の様相が描かれている。千人同心はほとんど実戦を経験しなかった部隊であり、その合理性が実際に発揮できたか証明することは難しい。しかしこの突発的事件に対しては概ね合理的に対応しており、千人同心の合理性の高さを明らかにしている。また広島でも大坂同様、合同調練や市中巡邏を行なっており、その機能性を遺憾なく発揮している。

辻　博仁「小倉から大坂までの八王子千人同心の動向」は、第二次長州征討の小倉口の戦いとその敗北、南九州から四国・大坂へと続く敗走の様相が明らかにされている。通常、敗軍は組織秩序を失い、略奪などの行動に走る者が続出するのが常態といえるだろうが、千人同心の場合はそうではなく、組織秩序を失っていなかった。あまつさえ松山では演習を行ない、場合によっては戦場に再び出陣することさえ視野に入っていた。この点は千人同心の組織を考える上で重要な視点であろう。

岩橋清美「長州再征における八王子千人同心の行動と意識―石田菊太郎「御進発御用日記」を中心にして―」は本書のまとめをなす論文である。八王子千人同心砲隊第一小隊に所属する石田菊太郎の日記に基づいて論じたものである。まず千人同心の征討日記全体を俯瞰し、組頭であるか否か等の社会的格差により内容が微妙に異なると指摘していることは、史料論として重要であろう。また比較的徳川権力への求心性が希薄と思考できる平同心層においてもそれが失われなかったのは、将軍の身体性によるとした。この指摘は本書のすべての問題に共通するのではないだろうか。

おわりに

今回取り上げた千人同心は砲隊・太鼓方に属していた人々である。これらは新しく構成された組織であり、ましてや戦争という異常な行為の最中であり、さまざまなレベルでの情報伝達・蓄積・整理が望まれたことは想像に難くない。当時の社会は文書主義が浸透していたので、多くの千人同心に識字能力があり、記録を記していたのである。

八王子千人同心の第二次長州征討日記と一口に言っても、いろいろなレベルがある。「萩原日記」は千人同心が現場で記録したものである。おそらく他の千人同心も現場で記録を作成していたことは当然想定できる。それは小野日記の関係史料をみても明らかである。戦争という行為は、暴力の顕在化という側面だけではなく、膨大な書類も生み出すのである。戦争の実像に迫る場合にはその史料が必須の存在であることは言うまでもない。

このような現場の記録に基づいて清書版が作成される。これについては「小野日記」が最も典型的である。小野は表紙に諱を記し、時には花押さえ添えている。これは彼の武士意識の表われであり、徳川幕府が正式に動員した、つまり無名の師ではない戦争に自分が参加し、努力した成果を子孫のために残そうとしたのである。このような意識は個人的に日記を残した千人同心には共通した意識ではなかったのか。幕府が提示した軍令を筆写している場合は多い。これは、もちろん自分たちの正統性の証明のためである。清書版においては、「小嶋日記」に明らかなように場所毎に分類されるなど整理が行なわれていることも注目される。情報は整理されてこそ初めて利用できるからである。

では内容はどうであろうか。残された内容から考察すると、最も一般的なものは、伝達された通達の写と隊内動向に関するものである。これも上記した新しい組織ゆえの情報蓄積・整理という視点から理解できる。これは組織レベルと個人レベルが考えられる。

組織レベルの情報蓄積については「青木日記」と「中村日記」に典型的である。これは二人が引き継いで記していることから明らかなように、砲隊第四小隊の公式記録という性格が強い。小隊は新しい組織であり、情報の蓄積、整理は大きな意味をもっていたと考えられる。組頭が記した日記の場合、個人によって濃淡はあるが、このような傾向はあると考えられる。

平同心の場合も通達写や隊内動向などが記されていることは変わらない。これはたとえ公職という意味では組頭に劣るにしても、千人同心職は幕末期には事実上世襲化されており、家が形成されていた。その家を継承する子孫のためにも、公式に自らがどのような組織にあり、どのように対応したかを記しておいた方が子孫の利便性が高いといえよう。

しかし上記のような公式性から日記をすべて位置づけることはできない。やはり記主の個性は出る。そこには若干個別の視点が強いように感じられる。「丸山日記」には地域社会での祭礼等民俗的な記述が多く、「土方日記」には個人的に親交があった新選組のメンバーとの交流の記述がみられ、「萩原日記」からは名所やそのスケッチといった記載も散見される。千人同心の征討日記は基本的には公式記録的要素が強いが、個性もやはり窺うこともでき、全体的に評価する場合はこの点に留意すべきであろう。

註

（1）一色清・姜尚中他『明治維新150年を考える―「本と雑誌の大学」講義録―』（集英社新書、二〇一七）七頁。

（2）例えば代表的な概説書である『岩波講座日本歴史』のなかで、保谷徹は加藤祐三の成果について「幕府側が決して

「無能」ではなく、高い交渉能力を持っていたことを評価した」としている（保谷「開国と幕末の幕政改革」『岩波講座日本歴史』第一四巻、二〇一五、三九頁）。

（3）アナール学派が身体に注目しているのに対して（例えばアラン・コルバン他編『身体の歴史』Ⅰ～Ⅲ、藤原書店、二〇一〇、原著は二〇〇五～〇六）、日本の歴史学会では身体は軽視されている。例えば「〈江戸〉の人と身分」というシリーズが六冊も刊行され（吉川弘文館、二〇一〇～一一）、錚々たる研究者が執筆しているが、そこでの「人」は社会を考察する抽象的な視点であり、具体的な身体に対する関心は薄い。

（4）ホルクハイマー、アドルノ著、徳永恂訳『啓蒙の弁証法』（岩波文庫、二〇〇七、原著は一九四七）。なお、言語を使用せず、身体によってコミュニケーションを遂行する行為は、人間にとって本源的であり、例えば臨床医療では重要な課題になっている。この点は西村ユミ『語りかける身体―看護ケアの現象学―』（講談社学術文庫、二〇一八、原著は二〇〇一）を参照。

（5）第一小隊半隊司令士八木甚之助の出陣日記が報告されている（日露野好章「小倉出張日記・九州路日記手控―八王子千人同心八木甚之助忠直の記録―」『東海史学』二二、一九八七）。

（6）丸山物兵衛に関しては坂上洋之「秋川地域の千人同心」（村上直編『増補改訂　江戸幕府八王子千人同心』雄山閣出版、一九九三）を参照した。

（7）「丸山日記」は、『御進発御供中諸事筆記』上中下（秋川市史史料集4・7・9、秋川市教育委員会、一九七七～八〇）として刊行されており、慶応元年（一八六五）五月四日から同二年一一月二日までの事柄が記されている。

（8）小嶋隆蔵については、吉岡孝『八王子千人同心における身分越境』（岩田書院、二〇一七）参照。

（9）「小嶋日記」は、①小山まほろば会編『小嶋隆蔵「御進発御供日記」』一（町田市教育委員会、二〇一一、第一・第二巻を収録）、②同会編『小嶋隆蔵「御進発日記」』二（町田市教育委員会、二〇一三、第三～第五巻を収録）、③同会編『小嶋隆蔵「御進発日記」』三（町田市教育委員会、二〇一九、第六～第八巻を収録）として出版されている。本書では出版時期の関係から③は使用していない。従って③に収録されている慶応二年正月元旦以降の記事は、町田市立自由民権資料館のご厚意で撮影させていただいた写真を利用した。

(10)　石田菊太郎については、岩橋清美「幕末における千人同心の動向」（『稲城市史研究』五、一九九四）を参照。なお、表の居住地は後掲岩橋論文と齟齬があるが、そのままとした。

(11)　いずれも石田家蔵（東京都稲城市）。稲城市史編さん室に複写資料がある（未刊）。

(12)　「土方日記」については、日野の古文書を読む会研究部会編『十九歳の長州出兵記録　慶応元年　御進発御用日記』（日野市郷土資料館、二〇一三）として刊行されており、土方健之助については、同書の解説に拠った。

(13)　「青木日記」と「中村日記」はともに『東京都古文書集　第一三巻　旧多摩郡油平村名主　中村家文書』（東京都教育庁生涯学習部文化課、一九九五）に収録されている。中村国太郎についての記述もこの本に拠った。

(14)　これも註(13)書に収録。

(15)　小野家については、『八王子千人同心史』通史編（八王子市教育委員会、一九九二）第三章第一節(4)に拠った。

(16)　「小野日記」は、⑧以外は『八王子千人同心史』資料編Ⅱ（八王子市教育委員会、一九九〇）に収録されている。⑧は『八王子千人同心関係史料集』第八集（八王子市教育委員会、二〇〇一）に収録。

(17)　『八王子千人同心関係史料集』第七集（八王子市教育委員会、二〇〇〇）及び『八王子千人同心関係史料集』第八集に収録されている。

(18)　榛澤（中島）家については、『中島敏雄家文書目録』（入間市博物館、二〇〇四）「史料解説」に拠った。

(19) いずれも入間市博物館蔵(未刊)。

(20) 長田かな子「続　相模原の八王子千人同心—小山村萩原安右衛門の長州従軍日記」(『相模原市立図書館古文書室紀要』一四、一九九〇)。

(21) いずれも相模原市立博物館蔵(未刊)。

八王子千人同心からみた第二次長州征討

吉　岡　　孝

はじめに

明治維新史研究の代表的な研究者である三谷博は、近世日本を「公儀（徳川幕府）」と「禁裏（朝廷）」を政治中心とした「双頭・連邦国家」と規定した。連邦とは藩のことである。見逃せないのは三谷が「禁裏」に関して、統治に関する「実務的な役割とそのための決定・施行機構を持たなかった」としていることである(1)。それはその通りであるが、それならば敢えて「政治中心」とする意義があるのだろうか。政治とは疑いなく権力によって行使される行為である。そのための機関をもたない「中心」は言語矛盾なのではないだろうか。近時は朝廷に関する研究が進展し、その政治的独自性が明らかにされているが、それでも「公儀」と同等の「政治中心」であるとの実証研究がなされているとは思えない(2)。「独自性を発展させながら、公儀を中心とした政治支配の重要な一翼を担った」というのが「禁裏」に対する妥当な評価であろう。

筆者には三谷の主張は、新しい朝廷研究の正確な反映というより、安政五年（一八五八）の孝明天皇による条約勅許拒否以降の政治状況を、それ以前まで遡らせて一般化したとしか思えない。ここで考えなければならないのは、このような見解は近世に関する俗流解釈と通底することである。天皇が超歴史的に日本の政治中心だったという「常識」的な見解である。このレベルの認識は皇国史観の残滓としか思えない。研究者はこのような誤解によって生じた幻想を除去すべく努力すべきであろう。筆者には、幕末期における公儀、特にその主体である将軍に関する研究の蓄積が肝要であると思われる。

また松沢裕作は自由民権運動を対象とした成果において、戦争の直後にデモクラシーが惹起するとし、日露戦争後に大正デモクラシー、第二次世界大戦後に戦後デモクラシーが起こったように、戊辰戦争後に戊辰戦後デモクラシー、つまり自由民権運動が起こったとした。(3) 確かに戊辰戦争への全階級的参加が、その直後の自由民権運動に重大な影響を与えたという主張は首肯する。しかしこのような戦後デモクラシー論を単純化してしまうと、戦争美化論に陥るのではないだろうか。そうならないためには、江戸時代における身分制社会克服の動向が議論されなければならないのではないか。明治維新研究は近代の起点として明治維新を位置づける志向が強く、事実上、幕末期の状況を「近世」と位置づけている。江戸時代公儀の主体であった公方の最終的支配形態とはどのようなものであったのかを見つめなければならない。

上記の問題意識に基づき、本稿では久住真也が提起した「みえる将軍論」とでも呼ぶべき議論に着目したい。(4) この議論の原型は原武史の「視覚的支配」論であろう。(5) 江戸時代の将軍は、その身体を隠蔽することによって権威を保とうとし、特に民衆には姿をみせなかった。これとは対照的に、近代の天皇は民衆に姿を現していく。原の指摘は大正天皇の成長によって今まで姿をみせていた明治天皇の身体が隠蔽され、その大正天皇の身体も即位後の隠蔽に耐えられず滅んでいくという深刻なものであり、必ずしも「近世＝みえない」「近代＝みえる」というほど単純なものではないが、敢えて図式化してしまえばそういえるだろう。

久住の指摘は文久三年（一八六三）の上洛においては、徳川家茂は沿道の民衆などに身体を曝し、従来の「みえない将軍」から「みえる将軍」に変質するというものである。久住はこの「視覚的支配」の成立に、近代天皇の先駆的形態をみいだすのである。このような久住の指摘は評価されるべきであろう。近世の歴史的展開は、明治を待たずして将軍の身体の視覚化を実現したのである。近代への展開を問うのなら、このような近世的展開を明らかにしてからではないだろうか。

本稿は具体的には、八王子千人同心が第二次長州征討においてどのような行動を示したかを検討するものである。よって八王子千人同心の研究史について一瞥しておきたい[6]。八王子千人同心は、現在の東京都八王子市を中心に分布していた江戸幕府直属の同心集団である。その研究史は身分論を主軸に展開した。千人同心は御家人（武士）とするのが通説だが、筆者は、元来百姓が兼帯するものであったが、一九世紀になると「千人同心は御家人（武士）である」という擬制が社会的に浸透したという見解をもっている[7]。この背景にあったのは、平同心たちが経済的発展によって力をつけてきたことである。そして組頭を独占してきた旧家を抑圧した千人頭にとって、平同心たちを統治するためには、この擬制に拠るしかなかった。そして千人頭を支配する鑓奉行もこの方針を支持している。このような擬制の社会的成立は、身分制からのズレ、ポスト身分制社会への推移を示している。本稿ではその理解の上に千人同心の身体性について着目したい。

千人同心に関してもう一点指摘しておこう。それは八王子千人同心の洋式軍隊化である。安政の軍制改革以降、八王子千人同心は洋式銃隊を編成する。それについてはすでに言及があるが[8]、その具体像についてはまだ検討が不十分である。この点も留意したい。

要するに本稿の目的は以下の二点である。まず第一点は、第二次長州征討に関する八王子千人同心の実証的研究の見直しである。この点は後掲の諸論稿に詳しいが、本稿で総論的に千人同心砲隊の合理性について論じたい。第二点は、視覚的支配論からの視点による明治維新史研究の見直しである。将軍の身体の政治性については多様なアプローチが可能であろうが、本稿では幕末期に新たに出現した洋式部隊をどのように統御したのかを、具体的に論じたい。合理性と身体性、この二つの概念は背反するようであるが、そうではなく、共軛的な関係にあることを明らかにしたい。

第一章　八王子千人同心部隊の概要

第一節　千人頭と砲隊

1　千人頭

幕末の状況に触れる前に八王子千人組の基本構造について述べておこう。(9) 八王子千人頭は定員が一〇人であり、鑓奉行に直属していた。一人の千人頭は一〇人の組頭、一〇人の世話役、七〇人の平同心を統率する。文久三年(一八六三)二月には千人頭の支配は講武所奉行に移り、慶応元年(一八六五)九月、陸軍奉行の管轄になった。

表1は第二次長州征討時の千人頭の一覧表である。見習の場合もある。千人頭のそれぞれの組には呼称として十干が振られている。嘉永四年(一八五一)に窪田鎮三郎忠雄が無役閉門になり、この時期は九人であった。窪田配下の同心は一端は各組に分属されたが、万延元年(一八六〇)からは「明組」として千人頭なき組を形成していた。

次に第二次長州征討に参加した千人頭四人を瞥見してみよう。中心になる砲隊は窪田喜八郎と原嘉藤次の二人に統率された。窪田は上窪田家の一二代目で安政元年（一八五四）に千人頭見習になり、この当時も見習のままであった。原は原家の一四代目で長州出征時にはやはり千人頭見習であった。同三年には歩兵差図役頭取になり翌年には歩兵頭並兼奥詰銃隊頭に昇進している。幕府陸軍のなかでも然るべき地位を占めたことになる。明治になり徳川家が駿河府中藩（静岡藩）を立藩すると、藩が設立した沼津兵学校の第四期資業生になっている。その後は陸軍に転じ、陸軍大尉の地位を得ている。明治一九年（一八八六）没。(10)

長柄組を率いて出陣したのが山本弥左衛門と石坂弥次右衛門である。山本は山本家の一四代目で慶応四年三月八日には、大御番格を与えられた。なおこの時には石坂弥次右衛門を始め、千人頭中村左京・志村源一郎・窪田金之助（喜八郎の父）も同じく大御番格を与えられている。石坂弥次右衛門は第二次長州征討の後、日光へ防火警備のために赴き、無抵抗で官軍に東照宮などの施設を明け渡した。慶応四年閏四月一〇日に八王子で切腹したのは、その責任をとったためとされる。なお弥次右衛門の長子鈴之助は、千人頭見習として第二次長州征討に父とともに従軍し、慶応三年以降に千人頭志村源一郎総領太郎、山本弥左衛門総領錦太郎とともに歩兵差図役に任命されている。鈴之助は嘉永四年生まれ。明治になると静岡に移住したが、明治一六年に東京に帰り、小石川区に勤め、明治四〇年に死亡。

【表１】慶応２年千人頭と千人組

組名	千人頭名	備考
甲	荻原頼母友親	上荻原家
乙	窪田喜八郎金吾	砲隊指揮
丙	河野仲次郎通聿	
丁	中村左京安賢	
戊	志村源一郎貞廉	
己	（不在）	明組
庚	山本弥左衛門忠孝	長柄組指揮
辛	石坂弥次右衛門義礼	長柄組指揮
壬	荻原羔三郎（鷗湖）	下荻原家
癸	原嘉藤次胤列	砲隊指揮

出典：『八王子千人同心史』通史編、『江戸幕府八王子千人同心』（雄山閣）

このように検討してみると、第二次長州征討に従軍した千人頭の内、砲隊の二人はいずれも見習であった。これは、見習は若年のため戦闘に耐えられる年齢だったからと考えられる。砲隊は実戦を期待されたのである。長柄組の場合はそこまでの期待はなかったらしい。また千人頭やその息子たちは、長州征討以後、幕府陸軍のなかに明確に位置づけられていく。これはもちろん「公儀」の大きな方針であるが、後掲宮澤論文で触れられているように、第二次長州征討時に他の部隊と協同調練を行なっていたことも背景にあるのではないだろうか。

第二次長州征討では本隊とは別に、砲隊・太鼓方・長柄方・旗指を編成して出陣している。先ず砲隊から確認してみよう。

2 砲隊

砲隊とは、実際には小銃隊のことである。宮澤論文が触れているように、千人同心はゲベールもしくはミニエー銃を携えている。八王子千人同心は長柄を主武器として戦うことが任務であったが、安政の軍制改革を契機として、西洋式小銃を主武器とする洋式歩兵隊に転換していく。しかし千人同心を完全に洋式銃隊化する構想は、慶応二年一〇月の軍制改革までは出てこない。この改革もどこまで貫徹されたのかは慎重に検討する必要があるが、少なくとも第二次長州征討の時には、完全な洋式銃隊化が実施されていたわけではないことは明らかである。

砲隊は八個小隊からなる一個大隊で編成されていた。総人数は三〇〇人である。総員については巻末「八王子千人同心砲隊構成表」を参照されたい。ここでは小隊の指揮官についてのみ説明しておきたい。彼らは全員組頭である。平時にあっても組頭は平同心を統括する立場にあり、そのような日常の秩序を利用して砲隊の指揮官も編成されたことが判明する。

その指揮官は、奇数小隊と偶数小隊で構成が異なっていることも注目される。半隊司令士・左嚮導・右嚮導については変わらないが、小隊長に当たる司令士は違いがみられる。奇数小隊の場合は中司令士により統率され、押伍が存在するのに対して、偶数小隊は小司令士により統率され、押伍が存在しない。後掲井上論文でも触れられているが、砲隊は奇数と偶数の小隊が組み合わされて、二個小隊で行動する場合が確認できる。その場合は、奇数小隊の中司令士が指揮を執ったのではないだろうか。つまり適宜に中隊編制で運動できるように、奇数小隊が優位に置かれたのである。

この点は、慶応二年一〇月以降に作成されたと思われる千人頭河野仲次郎の連隊構想案をみても確認できる(11)。この構想は、千人隊を二個「ハタイロン」(大隊)からなる一個「レジメント」(連隊)として編制しようというものである。ここでは一四個中隊が構想されていた。しかし「カヒテイン」(中隊司令官)である千人隊差図役頭取が一四人であり、「ロイテナント」(小隊司令官)も同数の一四人である。これは中隊司令官も小隊司令官もそれぞれ小隊を率いて二八個小隊を構成し、適宜二個小隊で一個中隊を構成したとしか理解できない。また「奇数小隊之半隊司令官」として「第二・第三ロイテナント」を当てる構想になっているが、これは当然士官である。一方「偶数小隊之半隊司令官」として千人隊差図役下役が当てられている。これは「下等士官」つまり下士官である。ここでも奇数小隊の優位が確認できる。これはもちろん奇数小隊の小隊長が適宜中隊長を勤めたためである。

既述したが、平時は千人同心は必ずどれかの千人頭の組には入らなければならなかった。本稿ではそれは甲から癸の記号で表わしている。砲隊はそれぞれの千人頭の組から選抜して構成されている。各組とも二五から三五人程を出している。計算上は一〇組全ての組から選ぶことも可能なはずであるが、実際には四から五つの組で収まっている。ここからは、平時の千人頭の組に拠りながら、小隊の秩序を作ろうという意図を感じる。従来の秩序を巧みに活かして新しい組織を作ったわけである。

また井上論文でも触れられているが、砲隊は半大隊（四個小隊）で運動する場合もあった。その場合は二人いる千人頭がそれぞれ半大隊を率いた。つまり砲隊は戦況に応じて、半小隊―小隊―中隊―半大隊―一個大隊での行動が可能であった。非常に合理的な組織性を持っていたのである。

3　第八小隊

本項では年齢構成を中心に砲隊の分析を行ないたい。ここで年齢に注目するのは、いうまでもなく、戦争には実際に戦闘できる適当な年齢が存在するからである。身分制軍隊には年齢という発想はなく、年齢による編制こそ近代的な軍隊の特質である。

年齢構成が十全に判明するのは砲隊のなかでは第八小隊だけなので、この隊を中心に分析する（「丸山日記」慶応二年二月四日条。以下、丸山日記・慶応二年二月四日、のように記す）。表2は第八小隊の年齢構成表である（平均の小数点は3ケタ以下切り捨て）。一見して明らかなことは、軍事組織としては適当な年齢構成だということである。三七人の内、半隊司令士の丸山惣兵衛以外は全員五〇歳未満である。一〇代後半から四〇代が戦闘に適した年代とするならば、三七人中三六人、つまり九七パーセントが適当な年齢だということになる。一〇～二〇代に絞ったとしても、三七人中二四人と六四パーセントを超える。

ではなぜこのような年齢構成を実現することができたのであろうか。表3は千人同心の役職毎の平均年齢を記した

【表2】第8小隊
年齢構成表

年齢層	人数
19歳	2
20～24歳	13
25～29歳	9
30～34歳	4
35～39歳	4
40～44歳	3
45～49歳	1
50～54歳	0
55～60歳	0
61歳	1
合計人数	37

出典：「丸山日記」

ものである。第八小隊全体の平均年齢は二八・八一歳で、ほぼ三〇歳である。組頭と組頭見習は小司令士・半隊司令士・右嚮導・左嚮導の四つの小隊を指揮する役職を占める。一五人の同心は平均年齢三〇・三三歳とほぼ全体の平均と等しいが、最も平均年齢を下げるのに貢献しているのは同心見習である。一七人いるが平均年齢は二五・二九歳であり、平均年齢より約四歳若い。

【表3】第8小隊
役職年齢対応表

格式	人数	平均年齢
組頭	3	35.66
組頭見習	1	20
世話役	1	44
同心	15	30.33
同心見習	17	25.29
総計	37	28.81

出典：「丸山日記」

では、千人同心見習とはどのような役職なのであろうか。同心見習は江戸時代初期からあった存在ではなく、最初に確認されるのは宝暦一一年（一七六一）である。[12]目的は同心の世襲の円滑化にあった。従って洋式軍隊化とは直接関係がない。しかしその性質上、見習には比較的若年の人が就任した。千人同心は日光への防火警備を義務づけられていたが、千人同心たちはできるだけ見習にやらせ、本役についた後は避ける傾向にあった。[13]これはもちろん防火警備には体力が必要だったためである。軍事動員もこれに似た傾向がある。体力が必要な兵士には、体力が落ちてきた当主より、若い息子である見習の方が望ましいであろう。

しかし高級武士ならば身分格式に邪魔され、軽々に見習に職務を委ねるわけにはいかないであろう。しかし千人同心の場合は文字通り一兵卒なのであり、その点、支障が出る可能性は低い。このことが千人同心銃隊に見習が多い理由である。結果として、千人同心の生活世界を充実させていこうという傾向が洋式化の円滑化を促進させたのである。

第二節　太鼓方・長柄方・指物

1　太鼓方

太鼓方を勤めた榛澤熊太郎の家には慶応元年（一八六五）六月の日付があり、「摂州大坂表」「散兵」の表記がある太鼓の叩き方と思しき楽譜が存在する[14]。そこには「ヒラケ」「トマレ」「ウチカ、レ」「ウヨク前」「大隊ノ後江集ル」などと記されており、太鼓の叩き方を合図に部隊が運動したことがわかる。

表4はその太鼓方をまとめたものである。青柳から師岡までがオリジナルメンバーだったと思われる。太鼓方は当初は独立していたが、慶応元年七月二一日に各小隊に割り入れられた〔小嶋日記・慶応元年七月二一日〕。石井権一郎は小隊割り入れ前に三一歳で死去している。割り入れ以後は各小隊一人の太鼓方が存在している。これはやはり、小隊の軍事運動を行なう場合、太鼓による上級司令部の情報伝達が重要だったためであろう。

第二小隊について説明しよう。二宮大次郎は太鼓方ではなく、第二小隊の右嚮導に異動し、その第二小隊の太鼓方には石田藤太郎が就任した。注目すべきは青柳愛太郎である。彼については「鼓匠兼」と記されている。具体的な役

【表4】太鼓方構成表

名前	組	備考
青柳愛太郎	辛	鼓匠兼、第2小隊
二宮大次郎	丙	後に第2小隊右嚮導
飯田徳左衛門	戊	後に第5小隊に編入
石田藤太郎	丁	後に第2小隊に編入
石井権一郎	戊	慶応元年6月11日病死
榛澤熊太郎	癸	後に第1小隊に編入
大野重太郎	壬	後に第6小隊に編入
武藤長六	乙	後に第7小隊に編入
師岡権之助	己	後に第8小隊に編入
泉精次郎	丙	第2小隊隊士から第3小隊太鼓方に
佐々木寅次郎	庚	第4小隊隊士から同小隊太鼓方に

出典：「中村日記」「小嶋日記」

職は不明ながら、第二小隊の指揮官クラスの一人であった〔小嶋日記・慶応元年五月一〇日〕。しかし第二小隊には小司令士・半隊司令士・右嚮導・左嚮導は確認できるが、青柳はいずれでもない。また偶数小隊なので押伍は存在しない。想像になるが、青柳は第二小隊に属しながら、各小隊の太鼓方を統括するような役職（鼓匠兼）にあったのではないか。大隊司令部から小隊への命令を伝達するような役割を期待されたと推測できよう。

次に太鼓方の特殊性について触れておこう。史料1は慶応元年七月六日付で江戸にいる千人頭志村源一郎が出征中の千人同心砲隊・世話役・平同心中に宛てた書翰の一部である。

【史料1】〔中村日記・慶応元年七月二二日〕

一、筒の取廻しとかや銘々出来候得共太鼓打と言もの少く甚御用之時差支申候、此地ニ而も平吾郎等拙宅へ呼寄置一ト稽古為致置候積り候、其地者日々武場へ教所方も被参候事由ニ付、造酒造・兵助を始として太鼓も修行いたし候て帰候様可被致候、其外之人々長澤房次郎等元来小々稽古いたし候もの故隆介・林之助等之上手ニ成候程仕一苦しみ可被致候、八木甚之助等も太鼓ハ器用か不器用か不相知候得共苦しみ候得者能くハ出来るもの故修行可被致候、若手之分者随分申合太鼓修行肝要ニ候、能々組頭世話をやき稽古可為致候事、此儀嘉藤次殿へも申遣候間、御同人も申立急度稽古可致候様可被申合候、

史料1を記した志村源一郎は、先述した河野仲次郎のレジメント構想において名前が判明する千人頭では最高の「パタリオン司令官」に擬せられている人物である。(15) つまり洋式銃陣の権威と目される。その志村の認識では、砲隊よりも「太鼓打」の方が技術習得が難しいと考えていたようである。志村は自宅を遣って太鼓の習得をさせていたようである。史料1の「造酒造・兵助」は、第一小隊の粟澤酒造蔵と藤本兵助であろう。二人とも八王子の拝領組屋敷に居住しているので、千人頭とは近い。(16) 彼らに対し志村は、日々武場に教所方も来ているので太鼓を修行して帰って

きて欲しいと記している。大坂には幕府陸軍の多くの人材が集まり、大坂城で調練を行なう。そこから技術を教授されることを期待していることがわかる。実際に六月朔日には講武所太鼓方の関根熊蔵等が教授を行なっている（中村日記・慶応元年六月朔日・二日）。ここからは、高度な軍事技術を教授される場として大坂滞陣が期待されていたことが判明する。

「長澤房次郎」は第四小隊の人物、粟澤や藤本とともに志村の組（戊）の千人同心である。長澤は太鼓を稽古した経験が多少はあるので、隆介や林之助のように上手になって欲しいという願が記されている。この二人は明らかにできないが、千人同心であることは明らかであろう。「八木甚之助」は第一小隊半隊司令士で組頭。やはり志村組の千人同心である。八木も太鼓技術の上達が期待されている。いずれにしろ、若手が太鼓打の修行をする必要性が説かれ、組頭もよく世話をするように記されている。この方針は砲隊を率いている原嘉藤次に伝達されたようである。

このようにみてみると、太鼓方は技術という点では砲隊より修得者が貴重だったともいえる。砲隊に所属している人物にも、太鼓の稽古を重ねている者もおり、その充実が図られている。その点優秀な技術をもっているであろう幕府陸軍が集結している大坂は、そのような技術修得には得がたい機会と千人頭は認識したようである。ただ志村が太鼓打のことで情報をもっているのは、自分の組に所属する千人同心だけのようであり、それが当時の限界だったのであろう。

2　長柄方（長鎗隊）

長柄方は一〇〇人である。その構成は戊組から九人、辛組から一一人の他は、八組から一〇人ずつ出している。(17)組頭は各組一人ずつが確認できる。長柄方は各千人頭の組からほぼ均等に人数が選抜されている。なぜこのようなことが可能だったのだろうか。次の史料2は先程の志村源一郎の書翰の別な部分である。

【史料2】〔青木日記・慶応元年七月二二日〕

一、御長柄方へ参り候もの内ニも若もの有之、銃隊・太鼓等出来可申もの有之候ハ、御長柄者さのみ御用も無之事之由ニ付、御用間銃技へ申立稽古為致様御取計可被成候、御承知之通り長柄者手足の付た人てさへあれ者鉄砲をならわせ置申度候、小子ハ幼年之時ゟ長柄打を苦しみ中年銃技を学び、どちらかと申と長柄の方をたんと学び候得共、長柄之つまらぬものニ付、当時ニ而者鉄炮を好む故長柄を悪く言と申人有之候得共、小子者左ニあらす、元来此節上坂之山本石坂ゟ小子者長柄家ニ候処、近年銃技専要と発明いたし、長柄者手足さへ付た人なら誰ニ而も出来ると存候故右之通り申遣候、右之処を能々心得違なく御長柄打之稽古者程よく為致、長柄打をする隙あらハ鉄炮を為学可申候、源一郎之組計右之通りニいたし候迚外組邪魔になる訳無之候、藤三郎・小七郎其旨を能々あきらめ此後砲隊て御供いたし候時の為故、心得違無之様可被成候、頭之志村源一郎ゟ同人組御長柄方のものも御用間銃隊稽古可相願旨申付段申立候ハ、何も子細無之存候、

志村は、自分は幼年時から長柄を習い、むしろ銃技よりよく習っていたが、長柄はつまらないと思うに至ったと述べ、感情的に銃技が好ましいといっているのではなく、「銃技専要」と発明したのだとしている。「発明」とは「物事の道理や意味などを明らかにすること」であり[18]、論理的思考の帰結を示す言葉である。

「長柄者手足さへ付た人なら誰ニ而も出来る」という表現は、極端ではあるが印象的である。志村の認識では、長柄方には特殊な技能など必要ないのである。これは長柄方の性格を考える上で示唆的である。

志村は積極的な洋式調練派であることは、この文面から如実に判明するが、それは千人頭の一般的認識とは乖離があったようである。史料2に出てくる「藤三郎・小七郎」とは、長柄方として参加していた志村組の組頭原藤三郎と

世話役田中小七郎のことであろう(19)。

志村は彼らには銃撃の技術を会得させたいと望んでいた。史料2には「源一郎之組計右之通りニいたし候迚外組邪魔になる訳無之候」とあり、銃技修得に関しては志村組は他の組から孤立する傾向にあったと推定できる。長柄こそが二人同心の成立以来の得物であることを考慮すれば、この反発は当然であろう。それでも志村は、自分の組の同心たちには銃技を修得させようと願い出ている。このことから、この当時は洋式化をめぐって内部対立があったことを窺わせる。

【表5】長柄方死亡者表

年代	名前	年齢	死因	備考
慶応元年6月1日	宮岡与市	53	病死	
慶応元年7月7日	間野惣三郎	25	病死	組頭
慶応元年8月26日	川井久左衛門	70	病死	組頭
慶応元年8月28日	飯田常蔵	46	病死	
慶応元年12月16日	大石内蔵	不明	病死	
慶応2年正月13日	大貫三太夫	68	病死	
不明	橋本清太夫	62	病死	
不明	村内平八	不明	病死	

出典：『八王子千人同心』通史編、「石川日記」

史料2の志村の言葉からは、長柄方は高齢者が多い印象を受ける。表5は、第二次長州征討中に死亡したことが判明している長柄方の同心についてまとめたものである。川井久左衛門の七〇歳、大貫三太夫の六八歳など、高齢の死亡者が多いことが特徴的であり、志村の言葉を裏付けるものであろう。長期の遠征の場合、当然、農業の主要な担い手である若者の不在は大きな問題であった。砲隊や太鼓方には特殊な技術習得が必要だが、長柄方はその熟練度は低くても勤まるのである。長柄方の場合は、若者に代わって老年者が勤めることも可能だったと考えられる。

以上のように検討してみると、長柄方には手足さえついていれば勤まる隊とされ、熟練した技術はあまり必要とされなかった。実際の勤務をみてみても、将軍外出時の一般的な警護や儀仗兵的役割しか期待されていない。そのため各千人頭の組から機械的に選抜することが可能になり、高齢者でも勤務できた。実際問題としては、ミニエー銃装備の長州藩諸隊とでは戦闘にならないであろう。長柄方に銃技を学ばせようという動向は存在したが、それは一部に止まるというべきであろう。

3　旗指

旗指は全員で三二人、甲・辛組から四人、後の八組からは三人ずつが選抜されている[20]。旗指は旗指物を持つことが主な役割である。儀仗兵といってよい。そのため各組から均等に選抜しても支障なかったのであろう。ただし後述するように、将軍上覧の調練、出陣式においては儀礼は重要な意味をもっており、旗指の意義が低かったわけではない。

最後にこの章をまとめてみよう。八王子千人頭は当時九人存在したが、その内の約半数に当たる四人を長州征討に出動させていた。出征部隊の中心的存在である砲隊は、臨機応変の部隊編制が選択できるようになっており、年齢構成の点からしても、他の身分制軍隊と比較したならば、極めて合理的な組織であったということができる。太鼓方も指揮命令系統を担う重要な役割をもっていた。一部とはいえ、その維持のために砲隊に太鼓技術を修得させる動向があったという点は注目される。長柄方と旗指は合理的存在とはいいがたいが、儀仗兵として儀礼の一端を担うことには、この時期特有の意義があったと考えられる。この点については後述したい。

八王子千人同心が出陣させた砲隊は、合理的な部隊運営の論理をもち、実戦的な編成を行なっていた。この点では身分制軍隊を脱却しているようにみえる。次章ではその背景にある論理と砲隊の身体性を探ってみよう。

第二章　八王子千人同心砲隊の論理

第一節　八王子千人同心における組織的変質

八王子千人同心の組頭は代々旧家が世襲してきた。一八世紀後半、千人頭とこれら旧家組頭層との対立が激化し、千人頭は公儀・鑓奉行を背景に、組頭を世襲制から昇進制に改めるなど旧家層の特権を剝奪していった(21)。

そのため千人頭は支配の軸足を平同心に移さなければならなくなった。この時期の平同心は、金銭で千人同心株を購入した百姓身分の者が就任するようになっており、従来の制度を維持するだけでは支配の貫徹は難しかった。

そこで千人頭が用いたのが「千人同心は御家人(武士)」という擬制である。元来百姓に過ぎない千人同心は、その立場を利用し、代官等の地方支配を相対化しようという志向をもっていた。そのような志向に棹差したわけである。鑓奉行―千人頭はこの虚偽意識を擬制化し、千人同心を統治していった。この擬制は有効に機能し、一九世紀初頭以降、大規模な千人頭への抵抗運動は確認できなくなる。しかしこの擬制は地方支配と激しく衝突し、身分制的社会統合を破綻させていく。

ここで注目したいのは、このような千人同心社会を支えたのは、平同心の結合だという点である。平同心たちは一八世紀後期以降、さまざまな寄合を開いて惹起する矛盾に対処していった。その際注目されるのは、平同心惣代である。この惣代は寛政五年(一七九三)に制度化され、世話役と改称される。以後、世話役は平同心の利益を保護していく。世話役の助力もあり、平同心たちが自己の利益を協同して維持していこうとする姿勢は強まっていった。このような「自治自律」的動向が銃隊に与えた意義について考察したい。

ここで、上記のような千人同心の組織を他の組織と比較しておきたい。長く維新史研究を主導してきた長州藩奇兵隊研究においては、千人同心でいえば惣代寄合に匹敵するような伍長会議が「奇兵隊の核」として重視されてきた(22)。これは「同士的結合」「水平軸の具体化」とされ、奇兵隊の革命性と結びつけられて論じられてきた。しかし革命的組織だけが自律的な会議をもつわけではない。千人同心は革命的な組織ではないが、自律的組織であり、水平軸の具体化的組織をもっていても矛盾はない。

第二節　軍事と俗事の分離

千人同心砲隊の軍事的な命令は、もちろん千人頭から司令士に伝達される。では日常的な事案はどうだったのであろうか。そのことを考慮するためには、次の史料をみてみる必要がある。

【史料3】〔土方日記・慶応元年閏五月五日〕

明六日四番御使番四ツ半時出立致候間、諸隊准じ御出立可被成候、此段御達申候、以上

閏五月六日　　　　　　永井真之丞

渡辺甲斐守殿

右之通り今暁奉行所ゟ御達有之候間相達申候、尤昨日抔廻状江同心共叶心ヲ掛、組頭共送不申、壱番司令士抔右ニ周章致し彼是不都合之場合も有之候計、以来名前之上江調印いたし使之者へ相渡し可申候、尤裏印ニ而も不苦候、若士(司)令士居合不申候者代り何之誰と相認メ其代人之組頭調印可致候、以上

閏五月六日　　　　　　　頭名前

司令士中

慶応元年（一八六五）閏五月六日、まだ上洛途中、東海道の愛知川宿にいる時のものである。史料3の内容は、行列の出発について、使番の永井から当時の千人頭の支配である講武所奉行の渡辺に通達した平凡な内容のものである。注目すべきは、千人頭から各小隊への伝達がうまくいかなかったことである。理由に読み取りにくいが、平同心の納得が得られなかったと、ここでは考えてみたい。結局、組頭は廻状を廻さなかった。廻状が伝達されないために、一番小隊の司令士があわてることになる。今後は通達に司令士が印鑑を押して使いの者に渡すように謳われている。つまり廻状方式ではなく、使いの者が各小隊に伝達するということであろう。司令士がいない場合は代わりに組頭が押印する。先述した通り、砲隊の小隊の指揮官たちは組頭である。ここからは同心たちの合意が通達の廻達においても重要だったと推測でき、また司令士は廻状順達には不在の場合もあり、最適ではなかったと判断できる。

この史料3は千人頭の名前で通達された。ここに廻状伝達に支障が出た原因があると思われる。従来、千人頭は自分の組の同心を統率してきたのであり、他の千人頭の組の同心を指揮することはない。しかし先に確認したように、砲隊の小隊は各千人頭の組の同心の混合であり、統率力がなくても当然であろう。しかし通達を廻達するという日常的な業務さえできないのは、組織として失格である。では、この問題をどのように解決したのか。

【史料4】〔土方日記・慶応元年六月三日〕

一、同三日天気、追手前見張当番ニ付、明六ツ時ニ追手前ニ罷越、第七小隊と交代相勤候、別紙一冊相達申候、以上

六月三日　　　　　　　頭局

小隊司令士

これは慶応元年六月三日、大坂城追手門警備の交代の通達である。この小隊司令士は多分、第八小隊担当である。この差出に注目されたい。「頭局」とは「土方日記」ではこの日に初めて出現する。千人頭の個人名ではなく、組織名を使用したことは、千人頭の個人名による場合より、遥かに他の組の同心たちには受け入れやすいであろう。以後この言葉は頻繁に用いられる。頭局の中核としては砲隊の千人頭二人が考えられる。彼らは直属の家来を持っており、彼らが局を構成したのであろう。

さらに六月一八日条に次のように記されている。

【史料5】〔土方日記・慶応元年六月一八日〕

一、同日第六小隊江寄合ニ罷出、残米払金請取として前嶋真太郎罷出、売払金請取罷帰り候、左ニ記ス、

閏五月十日ゟ六月十八日迄之残物

覚

一、白米六石九斗　　　　　　　　　　残米分

此代金弐拾両壱分弐朱ト　四匁五分五厘

両ニ弐斗九升八合カへ

三百拾三ニ割　　壱人分

金壱朱ト銭拾六文ツヽ

三拾六人分

弐両壱分ト鐚六百六拾弐文

三拾七人分

弐両壱分弐朱ト鐚二百六十弐文
右之通り割渡申候、
掛り
神宮寺金一郎
粟《(澤脱カ)》紋右衛門
坂本源吾之助

この史料5は、恐らく公儀から下げ渡された米の残りを売り払って、その代金を砲隊全員で割り振ったものである。三一三人というのが砲隊の全員であろう。この種の割り振りは当然、組織の公平性が要求される。そのために選ばれたのが神宮寺金一郎以下の三人である。彼らの肩書は単に「掛り」と記されている。またこの話し合いは第六小隊で開かれた「寄合」で行なわれた。先述した通り、負担を公平に割り振るため「寄合」を開催するのは、平同心を中心とした千人同心の新家層にはよくみられたことである。なおこの「掛り」が後日「俗事掛」と呼ばれる。また前島真太郎は第八小隊の俗事掛になる。俗事掛が「寄合」の主たる構成員なのであろう。

俗事掛は「土方日記」には慶応元年六月二二日に初めて出てくる。そして慶応元年七月七日に史料6が通達される。

【史料6】〔土方日記・慶応元年七月七日〕

一、七日晴天、追手先見張相勤候、
同日御頭ゟ御達有之候、
神宮寺金一郎江俗事取扱候様申達候ニ付、巡邏勤番等迄も除キ相成候間、右両人之内申合、第六小隊右嚮導伊奈
金四郎可被相心得候、

この史料6は、神宮寺金一郎が俗事取扱になったので、巡邏勤番の任務を免除されたことを示す。神宮寺の後任は、

同じ第六小隊の右嚮導伊奈金四郎が当たることになった。同年七月一四日には各小隊の俗事掛が判明する。表6は各小隊の俗事掛をまとめたものである。全員小隊の役付、つまり組頭であることが特徴である。これはやはり俗事掛が小隊内で重んじられていたということであろう。第一小隊半隊司令士の八木甚之助が第二小隊俗事掛になっている他は、すべて自分の属する小隊の俗事掛になっている。八木の所属する第一小隊は、第二小隊と合同して中隊を編成することもあり得たから、日頃から連帯が構築されていた可能性は高いであろう。

【表6】小隊別俗事掛表

小隊	姓名	役職
第1小隊	坂本源吾之助	押伍
第2小隊	八木甚之助	半隊司令士（第1小隊）
第3小隊	越石元太郎	右嚮導
第4小隊	青木壮十郎	左嚮導
第5小隊	粟沢紋右衛門	押伍
第6小隊	神宮寺金一郎	半隊司令士
第7小隊	戸塚栄左衛門	半隊司令士
第8小隊	前嶋真太郎	小司令士

出典：「土方日記」慶応元年7月14日条

俗事掛の構造は、最初に「掛り」になった三人が交替で全体の俗事掛になって、各小隊の俗事掛に廻状などを通達する。史料3を勘案すると、俗事掛は同心たちの心服を得ていたのであろう。史料7は、俗事掛の上記のような構造を示すものである。

【史料7】〔土方日記・慶応元年一二月二日〕

一、二日晴天、非番、俗事掛りゟ廻状

巡邏勤番御渡方其外御内談申度候間昼早御出会可被下候、以上

十二月二日　神宮寺金一郎

壱ゟ八迄御同役衆中様

（中略）

一、金壱朱ツヽ　是ハ神宮寺金一郎俗事取扱候ニ付、紙料八小隊ニ而二分渡ス、

此分八小隊割当隊分

中略前の前半は、俗事掛の惣代ともいうべき神宮寺金一郎が、各小隊

の「同役」に「内談」のため寄合への出席を促したものである。この「内談」によって、銃隊全員の総意を形成することを目指したのだと思われる。中略後の後半では、神宮寺の俗事掛就任に伴って、「紙料」を八小隊で平等に分割したことを示すものである。ここからも俗事掛の惣代性を察することができよう。慶応元年六月以降、俗事掛は千人同心の日記に頻繁に登場する。

慶応二年六月に千人同心達は小倉に移動するが、それ以降は俗事掛の呼称は日記からはみえなくなる。これは最前線に出たため俗事が目立たなくなったからであろう。神宮寺は相変わらず同じような役割を果たしているのである〔土方日記・慶応二年七月二五日など〕。慶応二年九月五日、家茂の死により月代を剃らなかったのを剃ることを許可した通達から、俗事掛の名称は復活する〔土方日記・慶応二年九月六日〕。これは戦場から離脱して後方に移動したためであろう。

第三節　帰国反対一件

前節でみた通り、俗事掛は砲隊の惣代として、千人頭の支配のためというよりも、砲隊構成員全員の公正な利益のために機能した。そしてそれは、千人頭と対立した時も有効に機能したのである。慶応二年（一八六六）三月二八日に起こった帰国反対事件に関してみてみよう。

【史料8】〔土方日記・慶応二年三月二八・二九日〕

一、廿八日大雨、非番、右五人之者御差戻シニ相成候ニ付御達有之候間、右之者共者全正直ニ相勤候者之事故、八小隊兵士一同前々より申合候義も有之候間、右之者如何の訳ニ而御差戻しニ相成候哉と伺ひ候処、御頭被申候ニ者、御老中より御達ニ付致方無之旨被仰聞候ニ付一同其儘にて引取候、全右ニ者無之、御渡り物裁付代胴服代金ニ而被下候を、御頭組頭相談之上ニ而ツボン陣股引上〆足袋等拵ひ候而平一同迄可相渡と被致候ニ付、平士より惣代ヲ以違背候ニ付、右之者差返され候ニ付、平士一同弥騒き立候ニ付、組頭ゟ種々申諭候ニ付、一味不仕旨組頭江申聞置、一同支度致し御小屋を出、三四小隊前ニ而各隊相揃候上ニ而陸軍奉行溝口伊勢守殿御旅館江罷越候、跡ニ而組頭戸塚栄左衛門・坂本源吾之助・松村政八郎、尤御頭御差図ニ而右御旅館へ罷越候所、兵士一同申立候者、此度御差戻之者如何之罪有之候而御差戻シニ相成候哉、承知仕度旨ニ付一同罷出候旨申立候処伊勢守殿用人罷出、右次第柄之義者伊勢守より其元方御頭へ相達候間、其旨相心得られ候様、且御差戻ニ相成候者之義者別段御咎者無之、御供御免被仰渡候而已、譬八王子表へ帰国被致候とも、外御咎筋者無之間、早々御引払被成候様用人申達候間引取候事、且亦罷出候組頭者、一同御旅宿罷出候様ニ付種々申諭候得とも、不得止事義ニ付引続き罷出候旨申達直ニ帰旅致候、

右始末ニ付御頭并御長柄御頭石坂弥次右衛門殿も御出被成候処、奉行衆ゟ御沙汰ニ付、三御頭御出張被成候而御帰りニ相成候、

一、廿九日、早朝組頭壱人平士重立候者二人ツヽ、御頭御陣営江罷出候旨御達有之、右ニ付八番より丸山惣兵衛・井上松五郎・野口宇兵衛罷出候処、平士之者一同罷出候旨御達ニ付、第一ゟ八迄之兵士罷出候所、陸軍方組頭二人御立合ニ而原嘉藤治殿御演舌ニ者、昨夜御城近ニ而既ニ隊伍を組候有様ヲ以大勢罷出候段者甚心へ違之事ニ候、乍去夜中之事ニ而穏便ニ引払候事故、奉行衆者勿論此方ニ而も勘弁致し候方ニ有之、尤御差戻し之者の義ニ（其脱カ）付、仲間固ヲ以其罪ヲ襲わんトしたる事可成ト心得候事故、昨夜之義敢而御沙汰ハ無之、乍去方共も右様之徒ヲ結ひ且疑惑等不致、増々精勤可被致候、差戻候者之義者、伯耆守殿より被仰渡候ニ付、致方無之帰国之迚も別段御咎

筋者無之様、兼而伊勢守殿御堅（賢）慮も有之候事故安心可致旨被仰聞候間、一同参同平士引取候、跡ニ而組頭一同罷出候様御達ニ而罷出候所、御頭ゟ平士江申聞候次第御咄シ、陸軍組頭ゟも御念を入られ、又々此上直ニ乱立候哉懸念ニ付一同心底承り候処、此上申立候義無之旨申聞候ニ付、其段申上候、右一条ニ付御頭御差控御申達ニ相成候、尤其儀ニ不及旨御沙汰有之候、就而者組頭之義も差控之義伺不申候而者不相成事ニ付、相談之上差出ス、書面左之通り、

奉伺候覚

昨廿八日夜同心共一同騒立願出候始末、私共取鎮方不行届候段奉恐入候、依之差控之儀奉伺候、以上

この事件は、栗原森次郎（第四小隊・戊）・野澤虎吉（第三小隊・己）・梅田粂右衛門（第二小隊・己）・山本藤蔵（第五小隊・戊）・村内初五郎（第二小隊・丁）の五人が、八王子への帰国を命じられたことに端を発する。彼らはまったく正直に勤めていたとの認識に基づき、千人頭への詰問が行なわれた。注目すべきは、八個小隊の「兵士一同前々より申合候義も有之」と述べられていることである。この文言からは、千人同心一同が連帯して自分たちの待遇について話し合っていたことを想像させる。

千人頭は詰問に対して、五人を帰国させるのは老中からの達なので仕方がないといったので、一同は一端は引き下がった。しかし平同心たちは、ある疑いをもっていた。それは、千人頭たちが公儀から下された裁付胴服の代金を、そのまま同心に渡すのではなく「ツボン」等を拵えて現物を渡そうとしたのではないか、という疑いであった。平同心は、千人頭と組頭が結託して公儀から渡された代金を取り込んだ、との疑惑をもったのである。そのため「惣代」を立てて千人頭に背いた。つまり抗議をしたのである。

このために五人は帰国させられた、と平同心たちは思料したのである。ということは五人は惣代だったのであろう。

このため「平士一同」が騒いだ。第八小隊では組頭が説諭を行ない、平同心は「一味しない」と誓って外へ出たが、これは成り行き上の言葉であろう。彼らは揃って千人頭の上司である陸軍奉行溝口勝如の旅館に押しかけた。後から、千人頭の指示を受けて、戸塚栄左衛門・坂本源吾之助・松村政八郎の三人が旅館に出掛けた。前二者は俗事掛であったことは先述した通りである。このようにみると、俗事掛は千人頭からは平同心等の押さえとして期待されていたといえよう。

千人同心たちは先程と同様の主張を繰り返したため事態が終息せず、溝口勝如の用人が「この件については溝口から千人頭に通達するので、そのように心得られたい。そして帰国させられる者には特別の処罰はない。御供を免除されただけだ。たとえ八王子に帰った後もその他の処罰はない。それなので早く宿舎に帰りなさい」と言い渡した。組頭（俗事掛）も、旅宿に帰るように諭し、平同心たちはなんとか宿舎に帰った。なおこの時には、長柄方の千人頭石坂弥次右衛門も対処に当たっている。「頭局」として集団指導に当たっていたのであろうか。

翌日、組頭一人と主立った平同心二人が千人頭のところに出頭するように通達があった。第八小隊では、半隊司令士兼俗事掛の丸山惣兵衛と、世話役の井上松五郎、平同心の野口宇兵衛が出頭した。世話役は平同心にグルーピングされていたのである。

ここで第八小隊の構成の変化について一言しておこう。この小隊で右嚮導を勤めた小池紀一郎は、慶応元年九月二四日に何者かに斬り殺されている〔丸山日記・慶応元年九月二九日〕。この犯人として慶応二年三月九日に揚屋入を命じられたのは、同じ第八小隊の司令士前島真太郎他一人であった〔丸山日記・慶応二年三月九日〕。二人は当然組頭であり、第八小隊には組頭は丸山と越石敬之助しかいなかったことになる。補充が行なわれた形跡はない。この点は小隊編制の未成熟な部分であろう。

砲隊支配の千人頭原嘉藤次は、幕府陸軍の組頭二人の立ち会いの下に以下のように申し渡した。「昨夜お城近くで隊伍を組んで大勢で押しかけたのは、大変な心得違いだ。しかし夜中に穏便に引き下がったので、奉行衆や自分たちも「勘弁」してもいいと考えている。帰国させられる者について「仲間固」でそのことを問題としようとしたことは仕方がないことなので、昨日のことは処罰しない。しかしこのような徒党のような行為はやめ、疑惑等を抱かずに精勤せよ。帰国した者たちは陸軍奉行の御賢慮もあり、心配することはない」。千人頭の演説に続いて、陸軍の組頭も念を押した。これにより平同心たちも納得したようである。

この帰国一件の意義は、「兵士」たちは必ずしも千人頭の支配に唯々諾々として服していたわけではないということである。納得がいかない場合は、「仲間固」のために陸軍奉行のところに押しかけるという抗議を行なったのである。その背景にあったのは、平同心が寄合を開いて、惣代を決めて、千人頭に抗議していくという一八世紀末頃から積み重ねてきた「伝統」である。このような主体性は、奇兵隊研究において革命性と関連して論じられるが、革命性は二次的問題であり、より重要なのは、自律的な組織であったのかということである。

第四節　砲隊の身体

近世社会では、身体、そしてそれを取り包む衣服は、身分表象として機能してきた。一九世紀前期、関東を中心とした地域社会においても長脇差に対する規制は一つの焦点であった(23)。

洋式歩兵化した千人同心銃隊の身体から、身分表象が見出せるであろうか。長羽織を事例に検証してみよう。千人同心は出陣に際して長羽織を支給されている。元治元年（一八六四）一〇月一四日、砲隊では組頭は自分の長羽織を着用したいとの願を出している。

【史料9】〔小嶋日記・元治元年一〇月一四日〕

十四日、組頭服之儀、嘉藤次殿より左之書面被差出候、

此度

御進発御供ニ罷出候千人組与頭之儀、銘々陣羽織胴服着用為致度、此度御渡ニ相成候御長羽織之儀は、平同心分計御渡奉願候、組頭之儀別段御渡不奉願段兼々奉願置候、右は兼而申上置候通、組頭共之儀は私共江差遣、同心共江指揮進退も仕、特ニ昨亥ノ春

御上路（洛）之節は銘々銃隊役々も仕、其外御渡ニ相成候御羽織は頂戴不仕、自分羽織着用仕、下知号令も仕候儀ニ付、同心共平等之御取扱ニ而は、御備向御手薄ニも相成不容易御儀、且当節規則願中ニも御座候間、此度之儀も兼々所持罷在候陣羽織着用為仕、同心之分計御渡ニ相成候様奉願候、尤御長羽織は一両日中御渡ニも可相成趣ニ付、急速其筋へ被　仰達被成下候、万一不心得事御渡相成儀ニ御座候ハヽ、胴服ニ為仕立着用仕、陣羽織着用為仕候間、此段兼而申上置候、以上

子十月十四日

砲術方

千人頭見習

窪田喜八郎

原　嘉藤次

この史料9によれば、公儀は長羽織を組頭・平同心ともに一様に渡すことを計画したのである。しかし千人同心組頭はそのことに納得しなかった。長羽織は平同心だけにして組頭は渡してくれなくても良い、というのである。これ

は以前から願っていたとしている。なぜならば、組頭は平同心を軍事上、指揮しなければならないからである。特に文久三年（一八六三）の将軍上洛以来、銃隊を指揮しなければならない。その組頭が平同心と同じ羽織を着ていたら、平同心と「平等」の取扱をされたら、軍事的秩序が成り立たず、指揮が行き届かないとしている。このように、軍事指揮上の問題で組頭は独自の陣羽織の着用を主張していることに注意されたい。

しかしこの願はかなわなかった。元治元年一〇月二三日には、胴服裁付は自分の所持品でいいが、長羽織・紺袖長半天・韮山形裁付・陣笠は一通り渡すと、老中松前崇広から通達が出ている（小嶋日記・元治元年一〇月二三日）。つまり願は認められなかったのである。同年一二月九日、細袖長半天・裁付・陣笠は代金で渡すことが通達され、前二者は納戸、後一者は細工所から代金を受け取るように指示されている（小嶋日記・元治元年一二月九日）。なお長羽織については江戸城細工所で作製され、組頭同心一人につき二枚支給されている。「組頭役々」については「黄呉呂服」の襟に付け替えることは認められた[24]（小嶋日記第一冊別紙）。このように組頭の陣羽織着用は認められなかったが、それが一転したのが次の史料である。

【史料10】（土方日記・慶応元年一一月一九日）

覚

千人組頭江

千人砲隊組頭之義者筋目有之、先祖伝来之陣羽織も所持被在候ニ付、以来陣羽織着用為仕段被伺候処、伺之通り可被心得旨伊賀守殿被仰渡候間、此段組頭共へ可被申達候事、

慶応元年（一八六五）一一月一九日、老中板倉勝静によって千人同心組頭に先祖伝来の陣羽織の着用が許されたわけである。この史料10をみると、「筋目」「先祖伝来」などの文句が並び、所謂、由緒闘争の成果と認識される方もいる

かもしれない。[25]しかし筆者はそうは思わない。なぜなら史料9においてはそんな文言はまったく確認できず、あくまでも軍事指揮上の合理性が謳われているという点を想起されたい。千人同心の歴史に鑑みれば明らかだが、由緒闘争に関係した組頭は世襲組頭の旧家であり、彼らは旧家ならではの特権を主張したのである。[26]

幕末期には昇進組頭制が採用され、千人同心であれば可能性としては誰でも組頭になれる。そもそも由緒闘争の場が喪失しているのである。特定の家の歴史意識を相互依存的な由緒闘争概念で捉えることは適当ではない。公儀が組頭に陣羽織を許可したのは、政治状況に拠る。史料10が出された二日後には、井伊家出陣のセレモニーが大坂城で開催され、その七日後には榊原家のそれが催されている。実戦が目前に迫っており、公儀は直臣団の軍事的再編成に着手せざるを得ない状況だったわけである。当然それは士気を高める方向で実践されるべきであろう。これが史料10通達の理由であろう。

千人同心の「出立」は、身分表象というより、「軍服」といった方が相応しい。この点は次の史料をみていただきたい。

【史料11】〔土方日記・慶応二年三月九日〕

一、巡邏稽古之節、襠高袴江脚半着用ニ而罷在、右者不揃之基ニ付裁付ヅポン之内相用可申候、

一、韮山陣笠銀ニ而兼而相達候通り御印付候様相達候所、仲ニ者金ニ而勝手之筋等相付、以之外之事ニ付、早々相改可申事、

右之通り急度相達候事

頭局

第壱ゟ第八迄

慶応二年三月九日「巡邏稽古」の時、襠高袴・脚半を着用しているが、「不揃之基」なので「裁付ヅポン」を着用

することを命じ、韮山笠に金で勝手に筋を入れることを禁止している。ここで注目されるのは、各兵士の統一性が要求されていることである。それも「ヅポン」という洋装である。次の慶応二年九月九日の史料は組頭ではなく、平同心の羽織についてだが、如何に「出立」が軍服化したかがよくわかる史料である。

【史料12】〔小野日記・慶応二年九月九日〕

奉願候覚

私共当六月中、壱岐守殿へ付添小倉表へ出張仕、御用向相勤来候処、御渡御目印羽織之儀、其後御渡も無御座、長陣故損しニ相成、然ル処小倉表火急ニ引揚候節、無拠自分羽織着用いたし、伊予国松山へ着致候処、此度目印白襟羽織相用候様、組頭衆より厳敷御達之処、何分不揃ニ而着用仕兼□□小倉表出陣中、斥候伏兵援兵等之節、白襟目印而ハ不都合之場合も有之、猶又長賊共御目印見覚候哉、先月廿七日富野山合戦之砌、紛敷賊徒共多分相見、不都合之義と奉存候間、何卒自分羽織へ少々之御目印ヲ付着用仕度候間、右願之通り御聞済被成下置候様、此段奉願上候、以上

慶応二年九月

第一小隊惣代

楠　重次郎印

中神梅太郎印

原　直次郎印

（以下七個小隊二一人省略）

窪田喜八郎殿

原　嘉藤治殿

この史料12は小倉口の戦いの後、松山滞陣中に出されたものである。同心たちは小倉出陣が長期にわたったこと、火急に小倉を退陣したことのために、松山到着後は組頭から白襟の羽織を用いるように通達された。「斥候伏兵援兵等之節」「不都合之義」とは、白襟が目印になって狙撃されるということであろう。なお「長賊」、つまり長州軍は七月二七日の合戦では紛らわしい服装をしていた。そのため白襟ではなく、自分羽織に少々の目印を付けて使用したいという内容である。各小隊それぞれ三人の惣代を立てており、平同心の総意といっていいであろう。味方と敵の峻別こそ軍服の基本的機能であると考えれば、実戦経験を経て、「出立」から「軍服」に変質したといえよう。後掲高野論文で触れられているように、千人同心砲隊の身体は身分制的空間とは異質なものであった。この節で確認した衣服もそれと相即したものといっていいであろう。

本章をまとめてみよう。八王子千人同心砲隊は、それ以前に培った千人同心のポスト身分制的動向を受けて成立したため、「自治自律的」性格の強いものであった。そして彼らの身体は洋式の衣服に包まれ、そこには統一性は感じられるが、身分表象機能は希薄である。しかし変質した千人同心社会では、公的に儀礼秩序から排除されることは、むしろ親和的なのではなかったのか。千人同心社会では一九世紀になると、千人同心株が「単に金銭によって売買譲渡」されるようになり、株は交換して利潤を得る道具と化していき、身分との対応は失われていった[27]。

そのようにして千人同心になった者に主従制原理を貫徹していく志向があるはずもない。そしてそれはただ千人同心に限ったことではない。御家人株が広く売買されたことは周知のことであるし、御家人株を買って御家人になった者の子弟が旗本に累進することも当然あり得たし、大名の後継も養子という形で持参金に物をいわせて獲得することができた。つまり公方の直臣たちは主従制原理ではなく市場原理の方が優位を占めつつあったのである。もちろん諸藩においても同様だと思うが。従来幕末の軍制改革といえば、身分制原理による抵抗が指摘されている[28]。それは一面の事実であるが、千人同心のような低位の身分にあっては、抵抗すべき身分制原理は幕末期にはもはや崩壊してしまっていたのである。

では公儀は千人同心砲隊に象徴されるような新興の直臣団―原理的には他の旗本御家人にもみられたであろう―をどのように包括していこうとしたのか。次章では公方の身体がみえることになった意義を考えたい。千人同心は、注目したように、公方の身体には求心性があり、それによってポスト身分制社会の身体を統御しようという志向性が見受けられるのである。

第三章　公方の新しい身体

表7は第二次長州征討時における徳川家茂の上覧をまとめたものである。ここでは千人同心に関係する軍事上覧に絞っている。この表からすると、上覧は、行なわれた場所によって、駒場野・大坂講武所・追手門外・大和川原の四つのグループに分けられると判断される。この内、大和川原に関する調練は、後掲宮澤論文で触れるので、ここでは前三者について論じたい。

第一節　駒場野における上覧

八王子千人同心の許に駒場野での勢揃の通達が来たのは、慶応元年（一八六五）四月一一日のことである（小嶋日記・慶応元年四月一一日）。「此度（平出）御進発ニ付、近々御勢揃其上行軍（平出）御押前御試」のためであった。「御進発」のための勢揃いであった。行列を組んで進軍する試験を行なうのであった。一八日に千人同心砲隊は組頭三九人、「兵卒」=平同心二六一人で朝六ッ時に八王子を出立した。途中、甲州道中府中宿の松本屋・中屋・信州屋で休息し、暮六ッ

【表７】公方等上覧表

No	日付	上覧内容
1	慶応元年４月21日	勢揃行軍(駒場野)
2	慶応元年５月３日	勢揃行軍(駒場野)
3	慶応元年６月７日	砲隊調練(玄同・慶喜・容保・老中)
4	慶応元年６月11日	講武所御成(三兵運動)
5	慶応元年６月14日	講武所御成(大小銃)
6	慶応元年７月２日	講武所御成(小銃大隊訓練)
7	慶応元年７月８日	講武所御成(惣軍合)
8	慶応元年７月18日	講武所御成(大小砲)
9	慶応元年７月29日	講武所御成(紀伊家行軍)
10	慶応元年８月26日	講武所御成(業前御覧)
11	慶応元年11月15日	追手門外御成(出張一番隊行軍)
12	慶応元年11月21日	追手門外御成(伊家家行軍)
13	慶応元年11月26日	追手門外御成(榊原家行軍)
14	慶応元年11月27日	講武所御成(各個の業・連合の業)
15	慶応元年12月８日	講武所御成(槍剣術試合)
16	慶応元年12月13日	講武所御成(調練・野試合)
17	慶応２年２月９日	講武所御成(連合の業)
18	慶応２年２月14日	大和川原御成(大砲玉入打)

出典：「小嶋日記」「土方日記」「丸山日記」『続徳川実紀』

に新宿の関門に着いた。宿舎は講武所が手配してくれており、一番から六番小隊までは勝光寺、八番小隊と長槍隊は四谷寺町戒行寺に宿泊した。一九日は小川町の講武所で砲術稽古に費やし、二〇日は休日で二一日を迎えた。二つの日記を比較しながらその様相をみてみよう。

【史料13】〔丸山日記・慶応元年四月二一日〕

一、廿一日曇ル、行軍　御丅（上）覧御日限ニ付八ッ時一同起支度等致、暁七ッ時戒行寺ヲ一同出張、夫より青山通り駒場野江六ッ半時頃着致し候処、四番隊御掛り御目付助御使番永井真之丞殿差閣（図）ニ而　上覧所御後しろの方ニ而凡壱丁余も隔り候場所江一同屯いたし居候処、四ッ半時頃
公方様御着被為　在候上　上覧所江御床机を被為　居、夫より行軍御同勢各隊巡々　御覧被為遊、四番隊繰出し相成候節者八ッ時頃ニ相成、雨降り出し候事故、業前者　御覧無之、行軍而已ニ而御上覧所前ヲ通行、夫より屯所江引取、諸隊不残　御覧被為済節ハ最早七ッ時頃ニ相成、直ク還御被為在、夫より御人数不残引払相成、千人隊旅宿へ暮七ッ時帰着致ス、但シ弁当者旅宿賄方江申付、右御場所江持参為致候、今日之有さま慶長度々（之）関ヶ原御陣以来之御事ニも可有之也、前代見聞成事与覚へ候、且又方色御旗之外御簱数流御旗指者甲鎧ニ而出張、其外御供之大名御簱本役々規格ニ而馬印旗等為持、其数量りかたし、

【史料14】〔土方日記・慶応元年四月二一日〕

一、丑四月廿一日
同日暁七ッ時ゟ壱番ゟ拾六番隊迄、朝五ッ時ニ諸隊駒場野ニ出張相揃控居候処
上様朝五ッ半時頃御馬印等相立、其外御小性衆御側衆等美々敷御出立ニ而、
上様　白の御陣羽織被為召候而出御ニ相成候、夫ゟ　上様　小高き所ニ幕を張候而其前後左右ニ御側衆等大勢並

び居られ、先一番ニ御旗拾弐流同七流之行軍　上様　直く前ニ而相始り申候、右御旗者惣白之御旗十二流ニ白地ニ御紋付之御旗七流也、何れも吹長し有之候、夫より一番隊ゟ順々に　上覧相済、亦諸隊ニ而　上様　四方ニ相立、上様を中ニ致シ大方陣相作り、大砲小銃等厳敷打立候得者揚貝相吹候ニ付夕七ッ時ニ諸隊追々引取、　上様ニも直様還御ニ相成候、

史料13によれば、千人同心砲隊は八ッ時に起床し、七ッ時に戒行寺に集合し、駒場野に出たのは朝六ッ半時であった。家茂が現われたのは、史料13によれば四ッ半時、史料14によれば五ッ半時であった。後者には小姓・側衆が美々しい出立であったと詳しく記載され、家茂が白い陣羽織を着ていたことも記されている。史料13には、家茂が上覧所の床几に腰を下ろしていることが記されている。つまり家茂の身体は見られているのである。先述した通り、江戸時代は将軍の身体は隠蔽されるのが常であった。まして公方の身体を中心に大方陣を作り、大砲小銃を厳しく撃つという光景は、平和な時代にはあり得なかった。それ故、史料13において「関ヶ原御陣以来」「前代見（未）聞」という文言が出てくるのである。この日は雨が降り、「業前」（腕前）の上覧ができなかったためか、五月三日に再覧が行なわれた。

【史料15】〔丸山日記・慶応元年五月三日〕

同日四ッ時

公方様御着、直ク砲術　御覧初り、千人隊砲術方者四ッ半時繰出し相成、業前　上覧奉請候上、尚又屯所江引取、夫より跡諸隊不残　御覧相済候上、砲術不残御呼之旨被　仰出候ニ付、右之段御目付方より達有之候処、今度者繰出しニハ不相成、銘々屯所江砲備ヲ立候而大隊右左打方、夫より打はけしく監（暫）ク致し打方止メ、同日八ッ半過還御被為済候上、廿一日之通一同場所引取、七ッ半時旅宿江着、一同無滞相済旨相互ニ申述、

この史料によれば、四ッ時に家茂が到着し、直ぐに砲術御覧が行なわれた。千人同心砲隊は、先日中止になった業

前の上覧を受け、その後は屯所に戻り、他の砲隊ともども再び上覧を受けるはずであったが、今回も将軍の面前に「繰出し」ての演習は中止になったようである。その代わり面々は屯所で大隊の陣形を組み、左右に銃撃し、暫く激しく撃った。家茂は八ッ半過ぎに還御した。

この駒場野上覧をみて気がつくことは、将軍の身体とその空間が、近世のものと大きく変わったことである。江戸時代の一般的儀礼形態では、公方が身体を現わし、その周辺でたとえ空砲といえども鉄砲が発射されることはなかった。すべて静謐が旨とされたのである。しかし幕末期の公方は軍事指揮官として期待されたのであり、軍事指揮を全うするためには静謐にこだわるわけにはいかなかったのであろう。幕末の政治状況が近世の儀礼空間を崩壊させたということになる。

では公儀は、そのような崩壊した空間をどう修復しようとしたのであろうか。それは将軍の身体をもってである。上覧という形式がすでに公方の身体を前提とした言葉であるが、史料13・14に顕在的なように、公方やその周辺の服装を千人同心は注視している。さらに「右御旗者惣白之御旗十二流ニ白地ニ御紋付之御旗七流也」と公方周辺の旗についても注目されている。幕末の軍旗といえば「錦の御旗」[29]が有名だが、幕府軍においても斬新さに欠けるとしても、軍旗という象徴の利用は意図されていたのである。

第二節　玉造講武所における上覧

本節では、大坂城玉造口に設けられた講武所で行なわれた調練の上覧に着目する。[30]上述したように、玉造講武所ではさまざまな調練が行なわれているが、ここでは千人同心に関するものに限定して論じる。

【史料16】〔小嶋日記・慶応元年六月六日〕

明七日於玉造講武所
徳川玄同殿・一橋中納言殿・松平肥後守殿・御老中方、銃隊御覧有之候ニ付、挑灯引御場所江繰入候事、且、陣笠無之白木綿鉢巻之事、
但、小隊は十二伍たるへく候、勤番隊三・四之内御覧請度者は、勝手次第罷出不苦候、尤可罷出者姓名被申聞候、
右之通申達候、早々順達留りより返却可有之候、以上
六月六日　　千人頭
壱より八迄
一、講武所より教示方罷越候ニ付、川村・荒野・奥住・川辺被出候、
七日　天雨
一、暁六ッ半時玉造講武所御場所江御頭原嘉藤次殿并千人砲隊二・五・六・七・八小隊罷出候、
一、小十人組・講武所一大隊・大砲八門・千人隊一大隊・御持筒組・御先手組・大久保組・大坂方、
右諸調練御見分ヲ請、御好之義被仰聞候ニ付、諸隊一同打掛り申候、漸時早打致し候、打方止メ無程御場所諸組一同帰着致し候、
七番小隊役々兵士罷出候、屯所留守居虎見佐兵衛・沢田勘七・小川元次郎・吉沢由五郎、右四人休、
御達書一通

銃隊業前宜仕、雨中別而太義之旨御席之節可達　上聞、此段頭組共江申聞置候様伊豆守殿被　仰渡候旨、甲斐守殿被　仰聞候、依之申達候、

六月七日　　　　　　　　　千人頭

　　　　　　　　　　　　　壱より八迄

玉造講武所で初めて稽古が行なわれたのは慶応元年（一八六五）閏五月二〇日である。(31) 剣槍砲とも日を決めて定期的に調練を行なうことが定められている。六月七日には、元尾張藩主の徳川玄同・禁裏守衛総督の徳川慶喜・京都守護職の松平容保が、「銃隊御覧」のために講武所に来た。慶喜と容保は一会桑権力の中核であり、当然幕府の軍事力にも興味があったのであろう。この時は陣笠ではなく、白木綿の鉢巻を着けることになっていた。足軽の事例に鑑みれば陣笠は許容されて然るべきだと思えるが、洋式歩兵は新奇な存在であり、貴人の前での被り物は憚られたのであろうか。

千人同心は勤番、つまり警備についていた者以外は調練を受けたが、たとえ勤番の小隊であっても希望者は調練を受けられたようである。公方の上覧ではないが貴人の上覧であり、積極的な参加が望ましかったのである。

この時は千人同心だけではなく、講武所一大隊や御持筒組や大砲など他の部隊と協同して調練を受けている。千人同心とすれば、他部隊との協同は洋式軍事技術上達の上で大きな刺激になったことであろう。

この調練の後、銃隊の業前が良く、雨の中大儀であったことが公方に伝えられた。家茂の耳に入ったことは、老中松前崇広から歩兵奉行駒井朝温を経由して千人頭に伝えられた。彼らの行動が将軍に伝えられるとは極めて珍しいことである。ここでも家茂の身体が機能している。

【史料17】〔丸山日記・慶応元年七月十八日〕

一、十八日朝曇ル、四ッ時快晴、朝五ッ時御陣営両御頭並砲隊役々兵士とも一同出張、講武所江罷越、御場所入口御門左之方布交セ御幕張有之候処、千人隊屯所札張有之候ニ付、一同控罷在候処、同日九ッ時講武所江公方様被為　成　御覧所江　出御　被為　在候、無程第一番ニ御籏白羽二重江御紋三ツ、但し吹流し御紋二ツ、右御旗七流御籏指之者鎧兜ヲ着ス、尤壱人宛手替リ之者差添式法相済、二番白羽二重御籏幅二布八本也、右同断式法、三番御長柄調練千人組平士七拾人タンホ付竹刀ヲ携ヘ指引組頭、御長柄方千人頭山本弥左衛門殿・石坂弥次右衛門殿御出張ニ而御指揮、且又御鎗奉行花房近江守殿　仙石播磨守殿右同断、四番御徒士方陣羽織着用、八組ヲ四組ニ分ケ、二度ニ出繰致ス、先隊四組二間程も有之候竹刀ヲ携へ、エイエイト三声四声程大声ニ而駈足進ミ候処、早足之者　上覧所前へ一二三ヲ争ひ駈付、此時公方様御手づから御扇子之様成物　御投被　遊候、跡四組も右同断ニ而相済し、一隊毎左之通リ之籏ヲ立ル、

家茂が初めて講武所に御成になったのは六月一四日である[32]。千人同心が御成に遭遇したのは、この史料17の時点、つまり七月一八日である。「大小砲各個之業」（『続徳川実紀』）を家茂は御覧になり、「御覧所」に入った。これは軍事指揮上、当然な行為であるが、家茂の身体を見やすくする行為ともいえる。砲隊の調練ばかりではなく、千人同心も参加した長柄調練も行なわれた。千人頭も鎗奉行も参加している。「エイエイ」という掛声も記載されており、前時代的だという感慨も起こる。本稿は千人同心砲隊を中心に記述しているため、どうしても洋式歩兵が分析の中心になるが、それのみが幕府軍の姿だったわけではないことは勿論である。

ここでも家茂の身体と旗が注目されていることに留意されたい。旗については「白羽二重江御紋三ツ、但し吹流し御紋二ツ」と詳細に記されている。また公方は「上覧所」に先を争って駆けつけた兵士に対して、手ずから扇子のようなものを投げた。「ゴール」ということであろうか。とにかく公方の身体が調練と連動していたことは確かである。

以上、千人同心の調練を公方等が上覧する様相をみてきた。次節では他の部隊のセレモニーの様相を千人同心の日記から確認しよう。

第三節　追手門外における上覧

慶応元年(一八六五)七月二九日、長州征討の先鋒総督を拝命した紀州藩主徳川茂承と彼の軍団が、大坂城追手門外で軍事セレモニーを行なっている。以下はその関連史料である。

【史料18】〔丸山日記・慶応元年七月廿九日〕

一、廿九日天気、勤番所当番ニ付朝六ッ時出張、先番壱番隊より御渡り御道具等相改請取交代致ス、昨廿八日御達有之候通り、紀伊殿御人数並御武器等運送之人夫、廿八日夜八ッ時頃より内本町通り玉造講武所江持運ひ候、但し紀伊殿大坂表御屋形者南堀江幸町通角五ッ半時御道固千人隊壱番隊・四番隊勤番所前江出張、同日九ッ半時講武所江通御被為　在、但し　紀伊殿御人数者

公方様　御成前後講武所江繰込ニ相成　紀伊殿御馬印者金の御幣御籏者数流、且騎馬之面々いつれも小籏馬印陣羽織を着し、其行糧(粧)舌筆ニ尽しがたく、紀州殿御先備　城主安藤伊預守並家臣同新宮城主水野采女両将者家之規格ヲ以籏馬印押立従臣騎馬並歩従臣共組々槍剣炮之武器ヲ為持、或者携へ追手前紀伊殿御人数屯所より右両将共繰出し三ツ拍子貝太鼓打鳴し、勤番所筋ヲ行軍、講武所江繰込ニ相成、大砲三十六門・小筒二大隊　上覧之節者紀伊殿御事者御中軍ニ而御馬乗行運被為立候、八ッ半時頃より大小砲調練初り熟練ニ而炮声一声ニ聞へ候、且又地雷火も二ツ制作、別而念入妙術相顕ニ候由、惣御人数壱万三千人、実々大坂表元和度以来前代未聞之事ニ被存候、

慶応元年七月二九日、前日の通達通り、紀州藩の人夫は玉造講武所に武器などを運び込んだ。紀州藩は南堀江幸町にあった紀州藩邸から人数を繰り出したが、千人同心砲隊の一部は警備に当たった。紀州藩の馬印は金の御幣、騎馬の面々も小旗・馬印・陣羽織を着し、とても立派な姿であった。紀州藩の付家老安藤直裕と水野忠幹が先陣を勤め、旗・馬印を立てて、貝太鼓を打ち鳴らし、追手門の紀州藩屯所から講武所まで行軍した。家茂の上覧を受けた時は藩主は馬に乗って中軍を進んだ。八ッ時から大小砲隊の調練が始まり、砲声が一つに聞こえ、「熟練」と丸山は評価している。この言葉からは、千人同心の洋式調練における練度を想像することができる。また地雷火も用いたという。紀州藩の水野率いる部隊は、後の長州征討芸州口の戦いで勇名を馳せるだけに、調練も見事なものだったのであろう。また丸山がこの紀州藩のセレモニーを「元和度以来前代未聞」と記しているのも注目される。

一一月七日、長州征討の四方面の部署割が公表された(33)。一五日には、芸州口に出陣する彦根藩主井伊直憲に陣羽織を下賜するとともに、同方面に向かう幕府陸軍の面々の行軍を上覧した。陸軍奉行竹中重固・歩兵奉行河野通併等である。史料19・20はその時の史料である。

【史料19】〔土方日記・慶応元年十一月十五日〕

一、十五日曇り、兼而御達之通り追手門ニ於ゐて広島表出張之壱番隊之面々行軍上覧被遊候ニ付、千人組之儀者暁六ッ時ニ追手前勤番所前迄繰出し控居候処、昨子年御築立ニ相成候土手の上江御敷物等敷、五ッ半時頃　上様被為成候得者壱番隊之面々講武所より繰出シ、先ニ歩兵壱小隊、其次ニ騎兵壱小隊、歩兵一大隊、大砲三門、其外陸軍奉行、御目付、御使番、歩兵奉行、同頭、其跡ニ歩兵一大隊也、正四ッ時ニ行軍上覧相済御入城被為済ニ付、御警衛之面々不残引取候事、

【史料20】〔丸山日記・慶応元年十一月十五日〕

一、十五日天気、昨十四日御達之通、六ッ半時八小隊一同、御頭馬乗ニ而御出張、追手前勤番所江一列ニ相並居、然ル処追手御門外昨子年新規御築立相成候三ヶ月形凡壱丈七・八尺も高サ有之候上江御敷物等之掛り敷置候処、凡五ッ時頃壱番之御払参り候ニ付、一同筒を建、夫より追々御先供之面々追手御門より出テ左右江ひらき御堀端江並居ル、無程
公方様惣金之御陣笠白ク御後ロ之方朱筋付候陣羽織被為　召、土手之上江御敷物有之候処江　御床几ヲ被為　居、監（暫）ク有りて玉造講武所之方より繰出し

この史料19・20をみると、家茂は、元治元年（一八六四）に築造された土手の上で敷物を敷いて上覧したのである。土手の形は三日月形でおおよそ一丈七、八尺も高さがあったという。上記の記述から、追手門外の軍事上覧は計画的なものであり、意図的に政治空間が構築されたと判断される。これを公方がみるためか、みられるためかと問うことには意味はない。大切なことは、公方の身体が顕在化したことである。そのため家茂の服装、惣金の陣笠、後の方に赤い筋が入った白い陣羽織が詳しく記されている。視覚による支配の一面である[34]。

慶応元年一一月二三日、芸州口に出陣する越後高田藩主榊原政敬が陣羽織を下賜され、二六日に家茂は「出立之躰」（『続徳川実紀』）を上覧した。以下はその時の史料である。

【史料21】〔丸山日記・慶応元年一一月二六日〕

一、廿六日天気、榊原式部太輔殿行軍　上覧被為　在候ニ付、朝六ッ時御頭並八小隊出門、追手前千人隊持勤番所前江御筒ヲ建控居候処、五ッ半時頃御先払夫々追々御先供、去廿一日井伊殿行軍　上覧被遊候場所江御床几ヲ被為居
公方様御着被為　在、無程榊原殿藩中講武所ニ屯集居り、先手追々繰出しニ相成候、太鼓二ッ拍子、本陣操（出脱）し之節

ハ貝ヲ吹陣鐘ヲ一度打鳴し候、式部太輔殿
公方様御座所迄罷出ル、御床几ゟ凡二間程も隔り平伏、此時
公方様西御向ニ被為　在候処、南ノ方江御床几ヲ被為直　御対顔、御陣笠の御侭ニ而少々御会釈被為有候、式部太輔殿も冠り候侭ニ而　御目見、榊原殿通行之節ハ馬まわり之家臣等何レも鎗ヲ逆サマニ携、凡百五十人程如何ニも厳重主従之間厚相見候、

（中略）

榊原式部太輔殿装束陣羽織紺地竜之金襴、御胴服者緋羅紗白縮緬御体巻詰サゲ馬具等美々鋪荒増ヲ記、

榊原家は、一緒に芸州口に出陣する井伊家とともに所謂徳川四天王の家であり、譜代藩の名門である。千人同心砲隊は総出で千人頭とともに筒を建てて追手前で控えていた。家茂は二一日の井伊家の上覧と同じ場所に床几を下ろした。この場所は史料19・20に出てきた「土手」のことであろう。別の史料には「胸壁」とある。(35) 高田藩兵は講武所に屯集し、家茂の御座所までできた。政敬たちは全員馬を下り、政敬は目付の案内で「胸壁」の上まで罷り出て御目見したた。史料21によれば両者の間は二間程、政敬は平伏したという。家茂は西を向いて座っていたが、南を向き直したという。家茂は陣笠を被ったまま会釈をした。政敬も被ったままであった。千人同心がこのような「寸劇」をみていたことは、史料21の記述で明らかである。この史料では政敬の服装を詳細に記しており、注意深く監察したのである。

公方の身体と千人同心との儀礼的関係のクライマックスは、慶応二年四月六日に大坂城大広間で行なわれた「御目見」であろう。その詳細は後掲高野論文に譲るが、ポイントは、千人頭も含めて、従来公方から「お言葉」などを賜ったことはなく、千人同心は「御目見同様」と痛く感激している点である。千人頭に「お言葉」を掛け、千人同心に「御目見同然」を許すという行為は、伝統的な儀礼秩序を逸脱しており、儀礼空間の崩壊としかいいようがない。

しかしそのことは千人同心の士気高揚には非常に効果があったことは明らかである。公方の立場に立ってみれば、儀礼空間が崩壊していても、いや、崩壊しているからこそ、自分の身体を精一杯使ったパフォーマンスを行ない、儀礼行為の貫徹を図ったのである。他の軍事上覧の事例も同じことが指摘できるであろう。公方は江戸時代で培ってきた儀礼空間を放棄したわけではなく、その有効利用を志向していたのである。

おわりに

本稿では先ず八王子千人同心砲隊に着目し、その組織が接敵に際して状況によって自らの編制を自在に変えられる柔軟性をもっていること、戦闘可能な年齢構成を取っていたこと、太鼓という指揮命令系統を有していたことを指摘し、合理的な組織であったことを明らかにした。またそのような合理的組織の確立には、歴史的に培われてきた平同心たちの自律的運動が与って力があったことに言及した。また砲隊の合理性はその身体にも波及し、砲隊の兵士が纏う衣服は、身分性の刻印が押された「出立」というよりは、機能的な「軍服」に近いことを論じた。そのような身分制とは異質な集団を統治するために、家茂は自らの身体を現出させ、視覚的支配の手法を使用して統御しようとしたのである。身分制的心意が希薄な集団の統治という近代になってからの政治課題は、すでに公儀が実現していたのである。しかしそれは儀礼行為の放棄を前提にしたものではなく、その貫徹を意図したものであった。

最後に課題を記したい。本稿では江戸時代の展開の帰結としての幕末という立場に立っている。そのような観点からみたとき、将軍の視覚的支配はどのように説明すべきなのであろうか。家茂は文久三年(一八六三)から四年にかけて、二回目の上洛を行なった時、浦賀・下田・子浦で網魚上覧を行なった。このことを椿田有希子は、家茂が治者としての資質を備えた「明君」であることをアピールするものだとしている。[36]注目すべき指摘だが、網魚上覧のもっている固有の意味を無視しているのは問題ではないだろうか。漁撈を観るという行為は「理世撫民」の観点から徳川王権が重視していた行為であり、徳川吉宗や家重は隅田川で実践している。[37]つまり家茂が上洛に際して網漁上覧を行なったのは、ただ単に明君であることをアピールしたかったのではなく、彼がこの時期でも徳川王権の構想を破棄していなかったことを示すと解釈した方が整合的であろう。今後は徳川王権という視点から幕末期を再構成すべきであろう。

註

（1）三谷博『維新史再考—公議・王政から集権・脱身分化へ—』（NHKブックス、二〇一七）五八頁。

（2）例えば藤田覚は、江戸時代の天皇は日本国の君主であっても「あくまでも形式的で名目的」とし、「それまでの形式的・名目的だった地位から実質的な君主の地位に担ぎ上げられていった」のは「十八世紀末から幕末」としている（藤田覚『江戸時代の天皇』、講談社、二〇一一、三頁）。

（3）松沢裕作『自由民権運動—〈デモクラシー〉の夢と挫折—』（岩波新書、二〇一六）。

（4）久住真也『王政復古—天皇と将軍の明治維新—』（講談社現代新書、二〇一八）、同「幕末畿内の政治動向—維新変革の道筋—」（後藤敦史他編『幕末の大坂湾と台場—海防に沸き立つ列島社会—』、戎光祥出版、二〇一八）。

（5）原武史『可視化された帝国—近代日本の行幸啓—』（みすず書房、二〇〇一）。

（6）八王子千人同心の概要については、村上直監修『八王子千人同心史』通史編（八王子市教育委員会、一九九二）を参照されたい。

（7）拙著『八王子千人同心における身分越境—百姓から御家人へ—』（岩田書院、二〇一七）。
（8）村上直「甲州および第二次長州征討出兵」（村上編『増補改訂　江戸幕府八王子千人同心』、雄山閣出版、一九九三）。
（9）特に断らない限り、註(6)書に拠った。
（10）樋口雄彦『沼津兵学校の研究』（吉川弘文館、二〇〇七）五八七頁。
（11）光石知恵子「幕末の軍制改革と千人頭河野仲次郎」（光石『近世八王子の研究』、私家版、二〇〇七）。
（12）拙著註(7)一一三頁。
（13）拙著『八王子千人同心』（同成社、二〇〇二）八五頁。
（14）慶応元年「(大坂表にて太鼓打方及諸書留)」（「中島敏雄文書」文書番号五二五、入間市博物館）。
（15）光石註(11)。
（16）「長州出兵千人同心砲術方名簿」（「土方日記」）に拠った。
（17）長柄方の人名については、『旧多摩郡油平村名主　中村家文書』（東京都教育委員会、一九九五）一六九～一七〇頁参照。
（18）『日本国語大辞典』「発明」（小学館、二〇〇三）。
（19）(20)『旧多摩郡油平村名主　中村家文書』（東京都教育委員会、一九九五）一七〇頁。
（21）拙著註(7)第三章。
（22）田中彰『高杉晋作と奇兵隊』（岩波新書、一九八五）三〇～三一頁。
（23）拙稿「近世後期関東における長脇差禁令と文政改革—改革組合村は治安警察機構に非ず—」（『史潮』新四三、一九九八）。

(24)『小島隆蔵「御進発御供日記」』一、七〇頁。
(25) 由緒論については、山本英二「日本中近世史における由緒論の総括と展望」（歴史学研究会編『由緒の比較史』、青木書店、二〇一〇）。
(26) 例えば「七隊六箇条」一件がその典型である（拙著註(7)参照）。
(27) 拙稿「八王子千人同心株売買の変容」（東四柳史明編『地域社会の文化と史料』、同成社、二〇一七）。
(28) 熊沢徹「幕府軍制改革の展開と挫折」（『日本近現代史』一、岩波書店、一九九三）。
(29) 近年、宮間純一は「天皇権威の視覚化」の視点から錦の御旗を位置づけているが、このような指摘は本稿にも通底する（宮間『戊辰内乱期の社会―佐幕と勤王のあいだ―』、思文閣出版、二〇一五）。
(30) 大坂城の講武所は安政四年に城代土屋寅直によって設置が上申され、慶応元年閏五月に開設された。但し正式な開設は慶応二年二月である（川﨑譲司「幕末大坂の防備と大坂講武所の創設」『史泉』一二四、二〇一六）。日向延岡藩に残された絵図をみると、竪二〇〇間、横九二間の調練所を中心に、上覧所・剣術稽古場・槍術稽古場などが附設されている（『幕末大坂城と徳川将軍』、大阪城天守閣、二〇一七）一四一頁。
(31)『続徳川実紀』第四篇（吉川弘文館）、七一八頁。
(32)『続徳川実紀』第四篇、七二三頁。
(33)『続徳川実紀』第四篇、八〇八～八〇九頁。
(34) 一三代将軍徳川家定の正室だった天璋院は、慶応元年に家茂が大坂御陣中において葵の紋所を散らした陣羽織を着て歩行する図を所持していた（前掲『幕末大坂城と徳川将軍』一一〇～一一一頁）。天璋院は、陣羽織を着て歩行するという平和な時代の公方が行なわなかった行為を、家茂の特徴として把握していたのであろう。

（35）『続徳川実紀』第四篇、八一八頁。

（36）椿田有希子『近世近代移行期の政治文化―「徳川将軍のページェント」の歴史的位置―』（校倉書房、二〇一四）第七章。

（37）拙稿「吉宗政権における古式復興と儀礼」（『国史学』二〇〇、二〇一〇）。

八王子千人同心における洋式軍隊化の実態

宮澤　歩美

はじめに

元治元年（一八六四）八月二日、幕府より諸侯に対し長州藩征討の命が下され、第一次長州征討が開始される。この時、長州藩内部では恭順派が台頭し、家老三人を切腹させることで事態の収束を図った。幕府軍はこれを降伏とみなして一二月二七日に解兵している(1)。しかし、その後、再度長州征討が決定され、慶応元年（一八六五）五月一六日、将軍徳川家茂が江戸を進発する。これが第二次長州征討である。この時、八王子千人同心も幕府軍として動員され、翌二年七月の小倉口における戦いに参戦し、敗走に至ったことが知られている。八王子千人同心を含む幕府軍は、洋式軍隊化が進められていたが、長州藩の先進的な洋式軍隊に後れを取っていた、というのが一般的な認識ではないだろうか。

幕末における幕府軍隊について井上清は、「幕府軍制改革は対大名戦争用のものであり、日本を諸外国から防衛する責任を果たし得なかった」と述べ、「将校・兵卒の確保という点に制約を生じ、幕府直属軍は質的矛盾によって戦わずして崩壊した」と評価している(2)。これに対し保谷徹は、「この様な評価は結局幕府の買弁性という議論を必然化し、維新政府の「進歩」性を際立たせようとする俗論的な図式を許すことになる」[3]という批判を加えている。また、宮崎ふみ子は、幕府士官学校の創設過程を検討することにより、幕府の軍制改革が原則的には一貫して全国を防衛するための軍事機構の建設を目的としていたと結論付けた。[4]以上のように幕府軍隊及び軍制改革については数多くの研究があり、特に幕府歩兵隊に関する野口武彦の研究では、[5]実際に機能した各部隊に焦点を当て、詳細に検討されている。

第二次長州征討時の八王子千人同心については、村上直の『八王子千人同心史』[6]、吉岡孝の『八王子千人同心』[7]などの研究がある。村上は、千人同心の長州征討従軍について、江戸から長期間の大坂滞陣を経て小倉口の戦いに至るまでの道程について言及している。しかし、長州征討における千人同心の洋式軍隊化については解明の余地が残る。

そこで、本稿では幕府直属軍として従軍した八王子千人同心の洋式軍隊化の実態について、千人同心側の史料を用いて検討したい。なお、より具体的な実態を解明するために、千人同心の大坂滞陣中である慶応元年閏五月から慶応二年三月までを中心に、期間を限定して検討する。

第一節　洋式銃の導入と新式への移行

1　幕府軍制改革と洋式銃の導入

千人同心の洋式軍隊化について、本節では軍備(主に装備)に焦点を当てて検討したい。幕府軍が洋式軍隊化を指向するようになるのは、安政の軍制改革以降である。この時の老中は阿部正弘であり、阿部は安政元年(一八五四)七月に軍制改革を指示する上意を伝達し、「軍制改革掛」を任命した。このようにして幕府軍制改革が開始され、同年一〇月に講武所建設が命じられている。講武所は、「総合した武術の練習場」として建設が開始され、安政三年四月には築地に開場されるに至った[8]。講武所では、槍術・剣術・砲術・水泳が主な科目とされ、師範役は流派にかかわらず広く登用された。中でも砲術は中核とされ、教授方頭取には下曽根信敦・江川英敏・勝義邦が任命されている[9]。

彼らはいずれも洋式砲術家であり、特に下曽根信敦と江川英敏の父英龍は高島秋帆のもとで洋式砲術を学んだ人物である[10]。また、幕府は安政二年に旗本御家人に洋式砲術調練を命じており、こうした点から幕府軍制改革において洋式軍隊化が企図されていたことがわかる。そして八王子千人同心においても洋式軍隊化が図られた。

次の史料1は、武蔵国多摩郡上椚田村の千人同心石川喜兵衛が記した「石川日記」の安政四年分の裏表紙に記された一節である[11]。「辰」は安政三年を指す。

【史料1】〔石川日記・一五頁〕

辰六月ゟ組頭九人江戸表江稽古罷出候、今朝六十日程夫ゟ□壱組十五人廿五人位宛稽古仕候、前々ゟ鉄砲稽古仕候処、当正月七日御鉄砲弐百挺御貸渡し相成候間、稽古人余分ニ而銘々御渡し不相成候故、最合三人ニ而、船田金八、新地増田、拙者、三人ニ而壱挺御預り申置候、尤辰年教示方九人江壱挺宛御渡し相成候、

この年から組頭九人が江戸に行き鉄砲の稽古をしていることがわかる。これは、幕閣の命により鉄砲方江川英敏に入門し、砲術調練を受けたということであろう。安政三年一二月迄には二〇〇挺のゲベール銃（前装滑腔銃）を貸与された[12]。そして石川喜兵衛のところには安政四年正月七日に鉄砲が貸し渡された。末端の千人同心の許に銃が渡されるまで、ある程度の時間がかかるのは当然であろう。もっとも鉄砲数は不足しており、喜兵衛等三人は一挺を共有した。しかし「石川日記」の記述では正月一九日から「鉄砲稽古」は始まっている。そして安政四年九月二六日には鉄砲稽古場が落成する。

【史料2】〔石川日記・一四頁〕

当巳年九月廿六日、御鉄砲稽古場之儀、千人町横町屋敷内稽古初メニ御座候、其時一同江茶菓子満ちう五ツ、馳走ニ相成候、其時ゟ志村中村横町三組ツ、五三日ニ罷出鉄砲稽古仕候而、十月五日出席者江良助殿ゟ御達し、稽古人江ハ詰番又ハ江戸飛脚相除出、一日弁当料壱匁ツ、被下候へ共、尤廿六日ゟ者向原ニ稽古仕候、其日者玉薬代として銀弐匁被下候事、

史料2によると、安政四年九月二六日より、千人町横町屋敷内の鉄砲稽古場にて砲術稽古が開始されたことが確認できる。この時、砲術稽古の参加者には饅頭が一人五個ずつ配られたとある。落成の祝儀という意味もあろうが、菓子を用意しなければ砲術稽古に参加する同心が集まらなかったということなのであろうか。しかしこれ以降、千人町横町屋敷内等で砲術稽古が継続して行われていくのである。[13] 石川は山本組の千人同心であり、山本と志村・中村組の千人同心は、五の日と三の日に鉄砲の稽古をした。その代わり詰番—これは八王子千人町の千人頭屋敷にある月番所に詰める当番であろう—もしくは江戸飛脚は免除された。稽古に出席すると弁当料が一人銀一匁出たようである。また日によっては向原(八王子市)でも稽古が行われ、玉薬代として銀二匁が支給された。こちらの方が面積が広かったので、より大規模な調練が行われた可能性があろう。

以上のように、安政軍制改革において砲術稽古が講武所の科目に加えられるなど、幕府軍の洋式化が企図されるようになった。当該期は、八王子千人同心にもゲベール銃が下賜され砲術稽古が行われるようになり、千人同心の洋式化の第一歩となったといえる。

2 新式への移行

文久三年（一八六三）に行われた徳川家茂の上洛に際しては、千人同心は二八八人の砲術方が随伴している。[14]また慶応元年（一八六五）の第二次長州征討に際しても三〇〇人の砲隊を編成している。[15]これをみると、千人同心は文久・慶応期には三〇〇人程度の洋式歩兵を編成する能力があったということになる。

千人同心は、長州再征のため慶応元年五月一〇日に八王子を出立し、翌一一日に講武所に到着する。ここから大坂へと向かい、閏五月一〇日に大坂に着陣している。大坂に到着した千人同心は、大坂警備を命じられた。主な職務は、大手前勤番所詰・市中巡邏・将軍上洛下坂時の将軍警衛であった。また、一〇月七日から一七日にかけて、伏見巡邏の勤番も行っている。

第二次長州征討時の幕府軍について、敗因を、その装備、主に大砲や銃の性能に求めることが一般的な見解ではないだろうか。[16]幕府がゲベール銃を使用したのに対し、長州藩は当時新式であったミニエー銃（前装施条銃）を使用しており、射程距離等の性能の面で圧倒的な軍事力の差があったとされているが、近年、こうした見解は疑問視されてきている。当時新式であったミニエー銃とは、フランスのミニエ大尉が発明した拡張式弾丸の前装施条銃（ライフル）の総称である。前装施条銃とは弾を前から詰めるもので、有効射程距離は四〇〇メートル前後、日本国内で最も多く用いられていたのはイギリスのエンフィールド銃で、中でも日本人の体格に合った短エンフィールド銃が好まれていた。一方のゲベール銃とは、ミニエー銃以前のもので、射程距離等でミニエー銃に劣る。ゲベール銃にはライフルと呼ばれる溝がないため、射程距離が短く、有効射程距離は一〇〇メートル前後である。ゲベール銃は、日本において元治元年（一八六四）頃から国産化も可能になっている。

前述したように、安政三年に初めて千人同心に下賜されたのはゲベール銃であったが、ミニエー銃への移行が進められている。この動きは、大坂滞陣中に随時進められていくことになる。「丸山日記」慶応元年九月一二日条には

「ミニール御筒御渡相成候間、持越候ケベヱル御筒員数明朝迄ニ取調可被差出候事」とある。

慶応元年九月一二日、ゲベール銃からミニエー銃への切り替えのため、御預となっているゲベール銃の数を調べて差し出すようにという旨の伝達がなされた。このような伝達はしばしば行われており、徐々にゲベール銃からミニエー銃への切り替えが進められていたことが確認できる。表1を見てみると、このような動きは慶応二年三月に入ってもみられる。こうした点から、幕府直属軍全体の装備の切り替えは相当な時間を要すものであったと推察される。

【表1】洋式銃関連記事

	年月日	内容	備考
1	慶応元年9月12日	ゲベール銃からミニエー銃への引替のため、持越のゲベール銃員数の取調。	
2	27日	御筒御引替に付、持越のゲベール銃100挺を差出し、ミニエー銃100挺と引替。	
3	28日	各隊に御預のミニエー銃を引き渡す。	第七小隊、御筒引替の姓名書上有り。
4	10月2日	御筒100挺御引替のため、各隊より御筒差出。数不足のため96挺引替。	
5	5日	ミニール御胴乱御引替に付、ゲベール御胴乱を各隊より差出。	
6	6日	玉造御蔵よりゲベール銃御渡しの旨伝達有り。	玉薬方御出張のため明日受取。
7	11月19日	ゲベール銃、ミニエー銃の番数書上帳面の提出を命じられる。各隊へ伝達。	
8	12月24日	御筒御損しの取調有り。	第八小隊ミニエー銃1挺破損。
9	慶応2年3月7日	御筒引替に付挺数・番数取調の上差出。	

10	8日	ミニエー銃299挺御渡し。各隊へ引き渡す。
11	26日	鳥羽ミニー御筒御損しの取調有り。

「小嶋日記」「丸山日記」より作成。

しかし、幕府軍が当時新式であったミニエー銃の採用を推し進めていたことは確かであり、長州征討の時期は、旧式から新式への移行期であったと考えられる。幕府軍全体の装備の如何については本稿では検討し得ないが、長州征討の各戦地における敗戦を武器・装備の面のみに求めるのは、乱暴な論であるといわざるをえない。

第二節　軍制行動と軍事調練

1　幕府軍における洋式軍隊の編成

幕府は軍制改革にあたって、三兵（騎兵・歩兵・砲兵）の創設を目指していた。文久の改革時に勘定奉行であった酒井忠行は、自身が提出した上申書の中で、西洋的な軍隊を創設するにあたって、兵卒を六尺や坊主などの身分の軽い者から登用すること等を主張している[17]。旗本を歩兵として用いることは従来の身分的制約から不可能であるため、六尺や坊主等、本来戦闘員としてみなさない身分の者を歩兵（銃卒）にあてるように主張しているのであろう。

幕府は、安政の軍制改革から歩兵部隊の創設を目指して旗本御家人に砲術調練を奨励したが、参加率は低く、歩兵部隊の創設はなかなか実現しなかった[18]。そのため、文久の軍制改革にあたって「身分の低い者」の徴発が企図されるようになったのであろう。文久改革では、歩兵を士分以下の兵卒として、そのほとんどを旗本の知行地から供給させることにした。旗本には銃を持たせず、徒歩では戦わせない。これによって、旗本が過剰となり兵卒が不足するという問題を抱えることになった。

文久二年(一八六二)、所謂「兵賦令」が旗本知行地に対して出され、旗本の石高に対して一定の割合で歩兵人員を差し出すように命じた。結局、幕府が予定した人数には届かないまでも、人員が確保されたため、幕府歩兵隊が創設されたのである。兵賦令の詳細はここでは述べないが、以上のように幕府が兵士徴発のためにさまざま策を練らざるを得なかったのは、従来の身分的な軍事動員の制約から逃れられなかったためであると考えられる。(19) 幕府が創設した歩兵隊は第二次長州征討に従軍しており、千人同心とも合同で洋式の砲術調練を行っている。

2 大坂滞陣中の軍事調練

慶応元年(一八六五)閏五月一〇日の大坂着陣からの千人同心における軍事調練について、千人同心砲術方第七小隊の組頭であった小嶋隆蔵の日記「小嶋日記」を中心に検討する。第二次長州征討における千人同心の軍事調練は、大坂城に設置された玉造講武所内にて行われ、調練の内容としては、砲術稽古・太鼓稽古・吹角(ラッパ)稽古や、他部隊との合同調練が確認できる。また、講武所での調練の他に、治安維持のための市中巡邏・追手門等の勤番も行っている。

砲術調練については、千人同心が大坂に到着した九日後の閏五月一九日に、それに関する記述が日記に登場する。大坂に着陣して間もなく調練への参加が命じられているのである。

【史料3】〔小嶋日記・慶応元年閏五月一九日〕

十九日天

御頭御達左ニ

追啓、火入稽古且角打稽古も有之候ニ付筒掃除致し置候様被申候、於当地講武所諸隊調練有之、当隊も調練有之候、尤月十二才稽古之事、右之段只今調方小嶋篤之進罷出、甲斐守殿被仰聞候趣、尤日限取極次第表向相達可申候へ共、為手繰及内達置候、一統江不洩様申聞勉強いたし候様可被申渡候、以上

閏五月十九日

千人頭

壱より八迄

（傍線引用者、以下同じ）

史料3によると、「角打稽古」を行うため、銃を掃除しておくようにとの伝達があったことが確認できる。「角打」とは、鉄砲で的を射ることであり、こうした的打の稽古は、第二次長州征討以前から八王子千人同心でも行われていた。[20]この時、大坂の玉造講武所における軍事調練の布達も同時に行われているのである。

さらに、同月二三日には、「講武所調練之儀、来廿八日より相始り候間、唯今奉行衆より被相達候」（小嶋日記・慶応元年閏五月二三日）とあり、翌六月二八日から「三八十ノ日　昼前」と「五ノ日　昼後」に調練を行うことが決定・伝達されている。砲術調練に際して千人同心砲術方に派遣された教示方は、榊原鏡次郎付の砲術師範であった。榊原鏡次郎は、講武所の砲術師範であった江川英龍の娘婿で、英龍没後は一時、鉄砲方江川氏を預かった人物である。[21]千人同心は、幕府から派遣された砲術教示方の指南を受け、調練を行っているのである。これ以後、稽古日の変更はあるが、比較的コンスタントに砲術稽古が行われている。

太鼓稽古は、安政年間（一八五四〜六〇）に幕府に採用され、八王子千人同心においても安政三年頃から存在が確認できる。[22]この太鼓は、銃隊の指揮に使用されたものである。太鼓方の重要性については吉岡も触れているが、太鼓の叩き方とそれに応じた隊列の動き方が決まっており、太鼓を叩くことによって部隊の前進・後退などを指示していた。

そのため、洋式銃部隊にとって太鼓方の指揮は必要不可欠なものであった。千人同心の太鼓方は初め独立した一隊であったが、大坂滞陣中に各小隊付に改められ、実際には洋式銃隊の中で機能していた。

一方の吹角稽古は、幕府において慶応年間に採用されている。従来、八王子千人同心で吹角稽古は行われていないとされてきた。しかし、「小嶋日記」には慶応元年一二月一八日条から吹角稽古の記述がみられるようになる。これ以降、数度にわたり稽古が行われたが、稽古の参加人数が少ないため、参加者の名前を書き上げて提出するように命じられている。表2を見ると、吹角稽古に関する記述は計六回である。稽古参加も芳しくなく、吹角稽古が浸透していないことが確認できる。慶応二年三月以降、吹角稽古が再度行われた事実は確認できておらず、第二次長州征討時の実践投入には至らなかったと推察される。

【表2】吹角稽古関連記事

	年月日	内容	備考
1	慶応元年12月18日	ラッパ稽古に付、20歳前後の壮年の者3人ずつ、稽古人として各隊より書き出すよう命じられる。	初出。
2	慶応2年正月23日	御小屋内稽古始め。教示方戸田勤吾、小川牧太郎、雨宮斧三郎。	
3	24日	ラッパ教示方、四九一の日は出張のため、戸田勤吾より伝達。	
4	2月2日	ラッパ稽古の者減少に付、一小隊につき2人ずつ差し出すよう伝達。	第七小隊、乙津幾五郎、荒野喜藤太。
5	3日	ラッパ稽古出席の者、姓名書上げ差出。	
6	3月11日	教示方芸州表出張に付、帰坂までの間巡邏免除の廃止が伝達される。	

「小嶋日記」「丸山日記」より作成。

3　合同調練

大坂滞陣中の幕府軍の行動として特徴的なものに、他部隊との合同調練を挙げることができる。表3に合同調練の開催日とその概要をまとめた。この表によると、大坂滞陣中に行われた合同調練は計九回である。その中で事例をいくつか挙げて検討する。

【表3】合同調練関連記事

	年月日	内容	参加諸隊	備考
1	慶応元年6月13日	玉造講武所上覧。	小十人組、御持小筒組、御鉄砲方、御先手組、地役人、千人隊、講武所砲術方	
2	7月18日	今朝玉造講武所にて上覧被仰出。御頭両公并銃隊罷出。	御長柄方、御徒七組槍隊、大御番組御鉄砲、小十人、御持小筒組、御先手組、御鉄砲方、講武所大砲八門、講武所一大隊、千人隊一大隊、大砲馬付拾弐門、歩兵四大隊	
3	11月27日	玉造講武所上覧。三兵千人組行軍、千人組一大隊歩兵四大隊半各筒之業。陸軍講武所合併二列打。	講武所一大隊、ナポレヲンカノン、騎兵一小隊、大砲三座、御持小筒組	
4	12月朔日	大砲小筒組と「連合の業」をする際は、専ら撤兵稽古致すようにとの仰あり。		講武所稽古日割の伝達。来月二日より始め。「三日ノ昼後、騎兵大砲御持小筒、千人隊」

5	慶応2年正月9日	大和川原演習。		天候不順により延期。
6	2月9日	玉造講武所上覧。三兵并千人隊調練。御持小筒組大砲組千人組各個之業。惣軍方陣二列打方。	講武所一大隊大砲一座、御持小筒組、大砲組、千人組、歩兵大隊	
7	14日	御道固メ。大和川原演習。将軍上覧あり。滞りなく出席。	御小姓組、御書院番、新御番、小十人組、御持、御徒、御先手組、別手組、講武所銃隊、千人銃隊、御持小筒組、歩兵、御鉄砲組	
8	3月20日	玉造講武所上覧。小筒組、千人隊、陸軍方大砲打方、歩兵大隊業前。惣隊打方有り。滞りなく出席。	千人銃隊、講武所方、御持小筒組、歩兵大隊	
9	27日	玉造講武所にて83人角打稽古。		歩兵頭富永相模守殿の御見分あり。

「小嶋日記」「丸山日記」より作成。

まず、慶応元年一一月二七日に玉造講武所にて行われた合同調練の将軍上覧についてみていきたい。

【史料4】〔丸山日記・慶応元年一一月二六日〕

一　講武所一大隊大砲一座連合之業
一　三兵千人組行軍
一　ナポレヲンカノン手続

御二度目後
一　騎兵一小隊大砲三座御持小筒連合之業
一　千人組一大隊歩兵四大隊半各筒之業
一　陸軍講武所合併二列打
右之通り

行　軍　順

騎兵一小隊　御持小筒九小隊　大砲三座　千人組一大隊　歩兵四大隊半
右之通講武所ニおゐて　上覧之節各隊繰出し候場所絵図御達有之候、

調練は、講武所一大隊・騎兵一小隊・大砲三座・御持小筒組・千人組一大隊・歩兵四大隊半で、ナポレヲンカノンにより合同で行われた大規模なものであった。この時、各部隊の待機位置等も、調練の前日に絵図を付して伝達されていることが確認できる。具体的な様相は不明ながら、歩兵・騎兵・砲兵という文字通り「三兵」による「連合」演習が催されたことは注目に値しよう。三兵の有機的連合による戦術がこの時代の理想だったはずである。

さらに翌日の一二月朔日、講武所稽古日割についての伝達があった。「以後大砲小筒組と連合之業いたし候ニ付而は、撒兵稽古専ら致し候様、昨日伊勢守殿被仰聞候」（小嶋日記・慶応元年三月一日）。これ以降の大砲小筒組との「連合の業」を行う場合は、撒兵調練をするようにと命じられている。撒兵とは、兵士を密集させずに適当な間隔をとって散開させる歩兵の戦闘隊形の一種である。撒兵戦術については、「散兵戦術など西洋式戦術に習熟し、それを充分に使いこなした点に勝因があった」と、長州軍の勝因の一つとして数えられている(23)。幕府直轄軍においてもその有効性が認識され、訓練も行われていたことは指摘しておきたい。

翌年の慶応二年二月九日、再び玉造講武所にて合同調練と将軍上覧があった。

【史料5】〔小嶋日記・慶応二年二月八日〕

明九日昼九ツ時前、御供揃ニ而講武所江被為　成三兵并千人隊調練、被遊　御覧候旨被　仰出候、依之相達候、
以上

二月八日

尚又、講武所隊も有之候事、
一　講武所一大隊大砲一座連合之業
二　御持小筒組大砲組手前
三　御持小筒組手前
四　御持小筒組・大砲組・千人組各隊個之業
五　歩兵大隊各個之業
六　惣軍方陣二列打方

二月

調練前日の二月八日に、翌日の調練に関する指示が布達されている。ここでは、講武所一大隊・御持小筒組・大砲組・千人組（千人同心）・歩兵大隊により行われるとある。「惣軍方陣二列打方」とあり、参加した各部隊（惣軍）による調練が行われている。こうした合同調練を通じて、他部隊との連携が図られていたのである。

同年二月一四日、大和川原演習が行われ、小嶋を含む第七小隊も参加し、「無滞出席」している。大和川原演習には、千人同心銃隊の他に御小姓組・御書院番・小十人組・御持・御徒・御先手組・別手組・講武所銃隊・御持小筒

組・歩兵隊の出席が確認できる。

【史料6】〔丸山日記・慶応二年二月一四日〕

一、十四日天気昨日御達之通リ一同七ツ時起仕度致し候上、八小隊一同相揃候上、隊列御取極メ相成左之通リ、

一番小隊　八番小隊　原　嘉藤治殿　太鼓方（記号省略）　二番小隊

三番小隊　四番小隊　五番小隊　六番小隊　七番小隊

右者七ツ半時、御陣営繰出し本町橋ヲ渡リ堺筋日本橋ヲ越へ長町、今宮村、住吉町、大和橋、但し一番隊八番隊者大和橋ヲ渡向橋際ニ両隊ニ而御警衛罷越候処、同日四ツ半時大和川原仮　御覧所江御着被為在、程なく大砲打方初ル、但し初之程者ハレツ玉ヲ打八ツ時頃より五間四方尺角ニ而御取建ニ相成候へ焼玉数発打込火移リ候而、一面火ニ相成めさましき事ニ有之、弥火盛ンにもへあかり候へ者、　還御之御模様ニ相成、同日八ツ半時右御場所被為　立候、追々諸隊も御固メヲ解候ニ付、当隊も一同相場引払出張之節之通リニ而御跡ヲ御警衛致し出張道筋之通リ□同日七ツ半時過御陣営へ着致ス、同夜より雨降ル、

大和川は現在の奈良県が水源の川であり、大阪平野に出ると柏原市付近で西に流れを変え、大阪市と堺市の間で大阪湾に注ぎ込む。演習はその河口付近で行われた。その大和川原における演習が、大坂滞陣中の最も大規模な軍事調練であった。史料6に「焼玉数発打込火移り候」とあるように、ここでは実際に火薬を使用した実戦的な演習が行われており、「火盛ンにもへあかり候」といった様子であったという。玉造講武所では実戦的な演習には限界がある。大和川原の演習では、この点はかなり解放されていて、焼玉が使用されている。大坂城での調練より、さらに実戦的なものであったことは明らかである。

ここまでみてきたように、大坂滞陣中の幕府軍は各部隊に調練を命じ、時に「惣軍」による大規模で実践的な軍事

調練を行っていた。八王子千人同心は、こうした中で大坂滞陣中も実戦に備えた洋式の軍事調練に参加し、幕府軍における銃隊(歩兵隊)の一部として機能していたのである。

おわりに

安政期から始まった幕府の軍制改革は、洋式軍隊の創設を指向して進められていった。安政期には、幕府から千人同心に対してゲベール銃が貸与され、洋式銃の調練が開始される。同時に八王子においても洋式銃の調練が行われた。八王子千人同心の洋式軍隊化は、第二次長州征討時に大きな進展をみせる。この時、幕府軍として従軍した千人同心の砲術部隊の装備は、大坂滞陣中にゲベール銃から当時新式であったミニエー銃へと転換されていくのである。これは慶応元年(一八六五)九月から始まり、翌年二月に至ってもゲベール銃の使用が確認でき、幕府直属軍全体の装備の切り替えは相当な時間を要するものであったと推察される。しかしこの時、幕府軍が当時新式であったミニエー銃の採用を推し進めていたことは確かであり、当該期は旧式から新式への移行期であった。

大坂滞陣中の千人同心は、市中巡邏の他に、大坂玉造講武所における軍事調練に参加していた。軍事調練の内容は、主に砲術・太鼓・吹角稽古である。

砲術調練は、幕府より派遣された榊原鏡次郎付の砲術師範の指南を受けて行われた。稽古日の変更はあるが、比較的コンスタントに砲術稽古が行われたことが確認できる。

太鼓稽古は、洋式銃の使用開始とともに調練として導入された。太鼓方は、長州征討従軍以前から千人同心においても採用され、銃隊の指揮に利用されていた。太鼓は、洋式銃隊の指揮にとって必要不可欠なものであり、千人同心においても実際に機能していたのである。

一方、吹角稽古は、従来千人同心においては行われていないとされてきたが、長州征討従軍に際して導入されていたことが明らかになった。しかし、稽古参加者が少なく、日記上でも稽古の記録はわずか六回しか確認できない。さらに、慶応二年三月一一日の記事を最後に、吹角調練の記述は現われなくなる。以上の点から、吹角稽古は第二次長州征討時の実戦投入には至らなかったと考えられる。

大坂滞陣中、他部隊との合同調練が複数回にわたって行われ、同時に将軍の上覧があった。合同調練においては他部隊との連携が図られ、「惣軍」による調練も確認できる。この合同調練は、第二次長征に際して多数の幕府軍隊が大坂に集結した特殊な状況下だからこそ実現したものであった。八王子千人同心は、大坂滞陣中も実戦に備えた洋式の軍事調練を行っており、幕府軍における銃隊（歩兵隊）の一部として機能していたと評価できる。

本稿では、八王子千人同心における装備と軍事行動の洋式軍隊化に注目して、大坂滞陣中の行動を中心に、その実態について検討した。そのため、実際の戦闘で千人同心の洋式部隊が如何に行動したのかは不明なままである。第二次長征における千人同心の戦闘参加とその機能については、後掲論文を参照されたい。

註

（1）井上勲『王政復古』（中公新書、一九九一）。
（2）井上清『日本の軍国主義』（現代評論社、一九七五）。
（3）保谷徹「幕府軍制改革の展開と挫折」（家近良樹編『幕政改革』、吉川弘文館、二〇〇一、初出は一九九三）。
（4）宮崎ふみ子「幕府の三兵士官学校設立をめぐる一考察」（『年報・近代日本研究』三、一九八一）。

(5)野口武彦『幕府歩兵隊』(中公新書、二〇〇二)、同『長州戦争』(中公新書、二〇〇六)。
(6)村上直編『八王子千人同心史』通史編(八王子市教育委員会、一九九二)。
(7)吉岡孝『八王子千人同心』(同成社、二〇〇二)。
(8)保谷註(3)。
(9)安藤直方「講武所」(『東京市史外編』三、一九三〇)。
(10)仲田正之「安政の幕政改革における鉄砲方江川氏の役割」(前掲家近編『幕政改革』、初出は一九七六)。
(11)「石川日記」は享保五年(一七二〇)から明治四五年(一九一二)までの記事で、『石川日記』全一五巻(八王子市教育委員会、一九八五~九三)として刊行されている。本稿では以下、特記しない限り『石川日記』第一二巻(安政三年~明治三年)を使用している。
(12)『八王子千人同心史』通史編(八王子市教育委員会、一九九二)五三五頁。
(13)「石川日記」では文久年間にも定期的に砲術稽古の記事が確認できる。なお『八王子千人同心史』通史編、五三六頁によれば、安政四年一二月にはゲベール銃五〇〇挺が貸与されており、銃の不足は解消したと推測される。
(14)『八王子千人同心史』通史編、五七一頁。
(15)吉岡註(7)。
(16)保谷徹『戊辰戦争』(吉川弘文館、二〇〇七)。
(17)保谷註(3)。
(18)野口註(5)。
(19)飯島章「文久の軍制改革と旗本知行所徴発兵賦」(前掲家近編『幕政改革』、初出は一九九六)。

(20)　『八王子千人同心史』通史編、五四〇頁。
(21)　仲田註(10)。
(22)　太鼓方については吉岡前掲論文参照。
(23)　三宅紹宣『幕長戦争』（吉川弘文館、二〇一三）一六〇頁。

長州出兵時の儀礼と八王子千人同心

高野美佳

はじめに

周知のとおり、江戸幕府殿中儀礼で将軍への拝謁が許されたのは、御目見以上にあたる旗本以上の者たちだった。したがって本稿で取り上げる千人同心、しかも御目見以下の組頭以下平同心が、幕府殿中儀礼に直接関与し、将軍へ拝謁する機会は通常ないはずである。ところが幕末、それに相反する出来事が起きた。長州出兵に参加した八王子千人同心組頭 丸山惣兵衛の「丸山日記」慶応二年（一八六六）四月七日によれば、千人同心一同が芸州進発にあたって、大坂城において将軍に拝謁したというのである。一体なぜ、こうした異例ともいえる殿中儀礼がおこなわれたのだろうか。

近世武家儀礼の研究については、個別の分野で研究が進んでおり、これまでも深井雅海や二木謙一・大友一雄・渡辺浩らによって研究が進められてきた[1]。しかしこれらの成果は江戸城における儀礼が中心で、幕末大坂城での殿中儀礼については、あまり触れられて来なかったように思う。そうした中、佐野真由子が外交儀礼をテーマに、慶応三年、大坂城で欧米諸国の外交官が慶喜へ拝謁したことについて考察している[2]。しかしこれは、将軍と幕臣との儀礼を中心に扱うものではない。こうした近年の研究動向を考慮すると、江戸幕府殿中儀礼を編年的にみる上では、幕末（とくに大坂城で）の儀礼についてもより詳しく考察する必要があるだろう。

一方、本稿で取り上げる八王子千人同心については、村上直や吉岡孝らの成果がある。村上は調査団を率いて多くの史料を調査・紹介するとともに、『八王子千人同心史』などを編纂、千人同心研究に大きく貢献した。(3) そして吉岡は、身分という観点から千人同心を考察している。吉岡によれば、千人同心は「農商業志向」とその逆の「武士志向」を見せているという。「農商業志向」とは、田畑を買って農業経営をおこない、土着化・百姓化していった動向をいう。「武士志向」は、譜代になって御家人の扱いを受け、その不安定な存在から脱却することを希求した動向である。幕府にとって彼らは百姓身分であったが、商品経済の発達により、弛緩した千人頭の同心支配をより強固にしようとしておこなわれた寛政御改正は、千人同心に御家人意識を植え付けることとなった。(4) この「武士志向」を前提とすれば、冒頭の千人同心の将軍拝謁は、彼らにとってどのような意味をもっていたのだろうか。千人同心を儀礼という視点から捉えることは、千人同心研究をさらに進める上でも有用ではないだろうか。

そこで本稿では、長州出兵時の千人同心と彼らが関与した儀礼を取り上げることで、次の二点を検討課題としたい。一つ目は、幕末、戦時の儀礼が平時と比べてどのように変化していたのかを探ること。儀礼に何らかの変化が起きていたからこそ、このような異質な儀礼がおこなわれたのではないだろうか。そして二つ目は、千人同心にとって大坂城における将軍拝謁が、どのような意義をもっていたのかを明らかにすることである。

第一節　儀礼様相の変化

1 平時の儀礼

幕末、戦時の殿中儀礼について述べる前に、まずは平時の殿中儀礼について瞥見しておきたい。江戸幕府殿中儀礼は、武家の格式によって、詰間や服制・作法などが厳密に規定されている。将軍への拝謁が許されるのは、御目見以上にあたる旗本以上の者たちである。その中でも、格式ごとに謁見の順序や場所などが決まっていた。例えば、武家社会の身分秩序を包括的に示すとされる正月の年頭儀礼は、家格によって拝謁出来る日が異なる。(5) 一一代将軍家斉の儀礼では、元日が世子家慶、御三家、御三卿、加賀金沢藩前田家藩主、越前福井藩松平家藩主、近江彦根藩井伊家藩主などの大廊下席、諸大夫以下の諸役人。二日は御三家嫡子、四品以上の国持大名など。三日は幼少のため無官の大名、そのほか無官の者、榊原・奥平・井伊家の家老、江戸町年寄などであった。礼服は、元日・二日に出仕する者たちでは、将軍家および侍従以上が直垂、四品が狩衣、五位の諸大夫が大紋、布衣は布衣、平士が素袍。三日に出仕する者は、将軍含め熨斗目長裃であった（能楽師の観世・金春・宝生・喜多などは素袍）。(6)

なお、千人頭は六日に拝謁をおこなっており、『千人頭月番日記（1）〜（4）』中にも、その様子がたびたび記載されている。一例として文政二年（一八一九）、家斉在職時のものを参照しよう。(7)

【史料1】

一筆啓上仕候、厳寒御座候得共益御勇健被成御座珍重之御儀奉存候、然者年頭御礼登城仕候同役共姓名以別紙御届申上候、此段為可申上呈飛札候、恐惶謹言

正月二日　　山本橘次郎 本親判

依　伊賀守様

参人々御中

河野四郎左衛門

中村万吉

石坂桓兵衛

右年頭御礼罷出候

原半左衛門

右日光在勤仕候

山本橘次郎

右当月月番相勤候

窪田弁次郎

右足痛ニ罷在候ニ付御礼不罷出候

窪田忠兵衛

志村又右衛門

荻原石之助

荻原新太郎

右者病気罷在候ニ付御礼不罷出候
右之通御座候以上
千人頭月番
卯正月二日　山本橘次郎

右は、千人頭月番の山本橘次郎から鑓奉行衆月番の依田伊賀守へ差し出した、年頭御礼で登城する千人頭の姓名書である。日光在勤や、月番、病気といった理由を除き、基本的に全員が登城することになっている。この時の拝謁は千人頭のみで、当然ながらその組頭以下同心たちは関与していない。なお、同月六日の項には、簡単に拝謁の様子が記される(8)。

【史料2】

六日晴天
熨斗目長袴小サ刀帯登　城、頼御坊主を以御目付衆江姓名書手札差出、且能勢市十郎殿江罷出候段、御坊主を以申通し、面会於帝鑑之間、御次年頭御礼例之通相済、夫ゟ　西丸江罷出、頼坊主竹内徳庵を以姓名手札差出謁相済、（後略）

熨斗目長袴に小サ刀を差し、御坊主の仲介で御目付衆へ姓名書の手札を差し出した。その上、能勢市十郎と会うことを御坊主の仲介で申し通して面会した。なお、この能勢市十郎というのは、当時の鑓奉行である(9)。史料1にも出てきたが、この頃、千人同心は鑓奉行配下であった。将軍拝謁前に挨拶に行ったというところだろう。鑓奉行面会後、帝鑑之間御次で年頭御礼をいつものように済まし、西の丸へ出て坊主の竹内徳庵を仲介して姓名書を差し出し、拝謁が済んだ。こうした千人頭の拝謁は、年頭儀礼だけでなく将軍宣下時にもおこなわれた(10)。

【史料3】
一、御白書院御次之御襖障子老中開之、御敷居之外
八王子
千人頭　　銀座　　朱座
右之者共並居御礼、御奏者番披露、畢而　入御、
御先立　　老中

『徳川禮典録』収録の家斉の将軍宣下の規式書には、右のように「八王子千人頭」の記載が認められる。史料2の年頭御礼での拝謁の場は帝鑑之間御次であったが、ここでは白書院次之間、敷居の外となった。

以上、本項冒頭でも触れたが、平時における儀礼は、その服制・詰間・出仕日などといったところで厳格に規定されており、千人同心の組頭以下平同心たちが関与出来るものではなかった。

2　幕末の儀礼―服制

ところが、こうした厳格な殿中儀礼にも、幕末になると変化が生じる。それが、文久二年(一八六二)の文久改革である。本項ではその中でも『幕末御触書集成』所収法令から、服制の変化に着目したい。服制変革の触れが出されたのは同年閏八月二二日だが、[11] その約五か月前、四月一五日公布の御渡には、すでに変革の片鱗が窺える。[12]

【史料4】
大和守殿御渡
大目付江

諸向供立之儀、前々より無益之多人数召連、其為入費（費用）も（二）不少趣も相聞候間、向後万石以下之面々、勝手次第乗切登　城御免被成候、就而者、　殿中馬乗袴、襠高袴相用不苦候、尤、乗切ニ無之節者、是迄之通相心得、中間、小もの等者、可成丈相省、簡易第一ニ勘弁いたし、可被召連候、若一己ニ而差定兼候廉者、御目付江承合候様可被致候、

（中略）

右之通、向々江被達候、

四月

登城時の供立の人数が多く、費用がかかっていると聞くので、今後万石以下の面々は乗切登城をしてよい、とある。そのため、殿中で馬乗袴や襠高袴《まちだかばかま》を使用してもよいというのだ。襠高袴とは、腰の中央から内股までの襠が高く踏込の深い袴で、多くは乗馬用とされたものである(13)。乗切登城の許可により、服制までもが影響を受けている。同様のことは、冒頭で述べたとおり、本格的に変革開始となった同年閏八月二二日に、万石以上の者にも許された(14)。

【史料5】

大目付江

御目付

万石以上之面々、勝手次第乗切登　城被成　御免候、尤、殿中小袴、襠高き袴等相用可申候、

（後略）

そして同日、服制を変革する次の御渡が出される(15)。

【史料6】

周防守殿御渡

今度衣服之製〔制〕度御変革、左之通被　仰出候間、明廿三日より書面之趣可相心得候、

一熨斗目、長袴者、以来惣而被廃止候事、
一正月元日、二日、装束、
一正月三日、無官之面々御礼、服紗小袖、半袴、
一正月四日より平服、
一正月六日、七日、服紗小袖、半袴、
一正月十一日、御具足御祝ひ、服紗小袖、半袴、
一二月朔日、装束、
　但、御礼席不拘面々者、服紗小袖、半袴、
一三月三日、服紗小袖、半袴、
一四月十七日、　御参詣之節、装束、
一五月五日、染帷子、半袴、
　但、殿中者服紗袷、半袴、
一七月七日、染帷子、半袴、
一八朔、染帷子、半袴、
一九月九日、花色ニ無之服紗小袖、半袴、
一御神忌、且格別重キ御法事等之節者、是迄之通り装束、

一御定式　　御参詣之節者、諸向共服紗小袖、半袴、
一勅使　　御対顔、　　御返答之節者、是迄之通装束、
　但、席ニ（江）不拘面々者、服紗小袖、半袴、
一勅使御馳走御能之節者、都而服紗小袖、半袴、
一御礼衆万石以上、以下共、都而服紗小袖、同袷又者染帷子、半袴、
一月並者、別御礼衆之外、平服、
一平服者、以来羽織、小袴、襠高キ袴着用可致事、
右之通、万石以上、以下共、不洩様可被相触候、尤、西丸御目付者（江もカ）可及通達候

史料6は年間の殿中儀礼時の服制について触れているのだが、ここでは、正月の年頭儀礼について取り上げる。まず、熨斗目長袴は以来すべて廃止となった。そして千人頭が謁見する正月六日は、服紗小袖半袴着用とある。長袴は裾を長く引いて足を覆うものなので、裾を引かない半袴はより動きやすく実用的な服装といえよう。正月四日の条には平服とあるが、通常であれば平服というのは継上下のことを指す(16)。しかしここでの平服は、最後の条に「以来羽織、小袴、襠高キ袴着用」とあるとおり、羽織・小袴・襠高袴を指している。平服もともに変化しているのだ。なお、この制度は翌三年には元に戻るが(17)、慶応元年（一八六五）七月二六日にはつぎのような御渡が出た(18)。

【史料7】

水野和泉守殿御渡

覚

方今御武備之儀、厚く御世話も有之候折柄ニ付、調練場等より登　城之面々ニ者、羽織、襠高袴之儘罷出不苦候、

退出より罷越候節も、　殿中羽織、襠高袴ニ而罷在（出）不苦候、

右之趣、向々江可被達候事、

七月

調練場より登城する者は羽織・襠高袴のまま、一度退出してから登城する者も、殿中羽織・襠高袴で出ても構わないという。この御渡は正月の殿中儀礼の服装について触れるものではないが、服制の変化が窺えるものである。慶応元年七月といえば、千人同心が長州出兵のため大坂に到着して約二か月後のことである。出兵のための調練が頻繁におこなわれるようになったこと、今後もおこなわれることを考慮して発布されたのだろう。そして翌二年一〇月三日には、役職を具体的に指定して次の内容が発布された(19)。

【史料8】

覚

海軍奉行並
陸軍奉行並
講武所奉行
講武所奉行並
歩兵奉行
同並
騎兵頭
同並

歩兵頭
同並
御軍艦奉行
同並
砲兵頭
組合銃隊頭
撒兵頭
同並
御鉄砲方
御徒頭
小十人頭
別手組頭取取締
御鉄砲玉薬奉行

其方共并支配組共、着服之儀、此程相達候趣茂有之候処、平日登　城之節ハ、羽織、袴着用可被致候、尤、羽織下筒袖、陣股引相用候とも不苦候、
右之通、相達候間、可被得其意候事、

陸軍奉行並・海軍奉行並といった軍事に直接関わる者およびその支配組に対して、平日登城時には羽織・袴を着用すべきであるが、羽織下に筒袖・陣股引を着用しても構わないとしている。そして翌三年二月二日に出された法令

は、平服について言及するものであった[20]。

【史料9】

殿中平服之儀、以来羽織、襠高袴、小袴取交着用可致候、尤、三月朔日より、書面之通可被相心得候、

一、麻上下之儀者、当分之内、平袴仕立ニ而も不苦候、

右之通、万石以上、以下之面々江可相達候、

これは、慶応の改革を受けて出されたものであろう。殿中の平服については、羽織・襠高袴・小袴を取り混ぜて着用してよいとある。史料6の文久改革時にも同様のことが触れられていたが、先に述べたとおり、文久三年には変革が一度元に戻るので、ここで再度触れたのであろう。ただし、襠高袴については、史料7の時点ですでに「調練場等より登　城之面々ニ者」という条件付きで許されていた。その襠高袴が平服でも用いられるようになり、殿中での服装が再び実用的なものに変化していくことがわかる。加えて同日、対象者を限定した別の法令も発布された[21]。

【史料10】

大目付江

今般衣服之儀被　仰出候ニ付而者、武役之分者勿論、寄合、小普請支配組頭、そき袖羽織、細袴を平服と相心得可申候、且又勤仕　御目見以下者、武役ニ無之候とも、右服着用致度ものハ、一応御目付江問合之上、相用候様可致候、

右之通、万石以上、以下之面々江可被相触候、

武役の者はもちろん、寄合・小普請支配組頭は「そき袖羽織、細袴」(筒袖羽織・陣股引のこと)を平服と心得るようにとある。それに加え、武役の者でなくともこれらの服を着用したい者は、御目付へ問い合わせれば着用してよい

というのである。平服が継上下であった平時と比較すれば大きく変化している。そして同年五月には、次の法令が発布された。[22]

【史料11】

海陸軍総裁供之もの、以来そぎ袖、細袴着用勝手次第之事、

但、主人そぎ袖羽織、細袴之節は、勿論可為同前事、

一、主人羽織、袴之時ニ而も、そぎ袖、細袴着用不苦候得共、右之節は上へ常之割羽織必着用可致事、

右之通、申合候事、

海陸軍総裁供の者は、そぎ袖・細袴の着用が勝手次第となった。また、主人が羽織・袴の時であっても、上に割羽織を着用すれば、そぎ袖・細袴を着てよいとある。

こうした服制変革の背景に、長州出兵を含む国内の擾乱があったことは言うまでもない。先例を重視する儀礼までもが、大坂の陣以来の大規模な戦乱に影響を受け、実用性という側面を孕んでいったのである。

3　幕末の儀礼―表敬方法

ここまでは、服制の変化に着目してきた。次は、千人同心の将軍警衛の史料から、将軍への表敬方法の変化についてみてみよう。もっとも、これらは殿中儀礼の史料ではないため、儀礼全般に当てはめることはできない。しかし、表敬という観点から、儀礼変化の一端を窺うことは可能であろう。なお、「表敬」という単語について断っておくが、ここでは、家臣が将軍に対してどのような形で敬意を表したのかという意味で使用している。

次の史料12は、「丸山日記」に記された将軍還御時の警衛の様子である。将軍家茂は、慶応元年一〇月二日に辞職

し帰府する旨を布告、翌日、大坂を出立した。

【史料12】〔丸山日記・慶応元年一〇月三日〕

一、三日快晴、還御ニ付千人砲術一同御頭御両人(中略)追手前千人隊勤番前江一列ニ御筒ヲ組罷在候処、同日四ツ半時頃、御乗物ニ而出御、御中軍之者供奉　通御之節御頭平下座

御目見砲術一同平伏不致候而も宜敷旨被仰聞候、尤外々砲術罷出候者も陣笠ぬき不申、御筒ヲ立其儘平伏なし、千人隊ハ陣笠をぬき候儘御筒を立居候、出張之諸隊引取ヲ見合昼九ツ過御小屋江帰陣致候、

内容は次のとおりである。千人同心は追手前の勤番(所)前に一列に並び、将軍の行列が通過する際、千人頭は平下座をした。御目見の砲術一同は平伏せずともよいと言われていた。もっとも、ほかの砲術の者も、陣笠は脱がずに御筒を立てたままで平伏しなかった。(千人頭以外の)千人同心は陣笠を脱いだまま御筒を立てていた。

ここでの御目見の砲術一同というのは、身分としての御目見以上ということではなく、その場で道固めとして将軍の行列通過を目にしている砲術一同ということだろう。平伏した者とそうでない者がいるが、「平伏不致候而も宜敷」とわざわざ許可を出すことからもわかるように、本来、将軍の行列通過時には平伏するのが当然であったと考えられる。しかしここでの千人同心は、千人頭を除いて筒を立てたまま平伏せず、つまり捧げ銃をしている状態だ。陣笠を脱いではいるものの、立ったままというのは平時との大きな違いである。捧げ銃は洋式軍隊の敬礼の一つだが、軍制改革による軍隊の西洋化は、儀礼の一部ともいえる表敬方法にすら変化をもたらしていたといえよう。この捧げ銃は、家茂が東帰をとりやめて下坂した同年一一月三日条にもみられる。

【史料13】〔丸山日記・慶応元年一一月三日〕

御下坂ニ付、為御道固八小隊出張、両御頭御出張

御駕輿ニ而通　御キ而御入城被　遊候、但し千人隊者追手大門前一行ニ而御警衛致し、追手御門江向ひ左り之方八番隊首頭ニ相成ル、御頭も八番前馬通　御之節、御目見御組一同者陣笠もとらず御筒ヲ建平伏なし、

ここでの千人同心は、陣笠を脱がず、御筒を立てて平伏もしていない。つまり捧げ銃の状態であったことがわかる。

【史料14】〔丸山日記・慶応元年一二月八日〕

公方様、御陣笠並白御陣羽織御裾之方赤キ玉附候ヲ被為　召通、御講武所江被為　成候而、同日夕方　還　御被為済、追手御門前御道固、左之方ハ小筒組並大砲組出張、勤番所右之方追手御門江迎千人隊一行ニ、御筒ヲ為立候儘平伏無之候心得方、都而先格之通り右還　御相済、一同御場所引払候、

右の史料14は、同年十二月八日、将軍が講武所から大坂城へ戻る際、警衛を担った千人同心の様子がわかる史料である。陣笠についての言及はないが、御筒を立てたまま平伏はなしとある。その上、「心得方、都而先格之通り」とあり、捧げ銃も含めて将軍警衛時の対応が定形化していたことが窺える。

こうした表敬方法の変化に関連して、興味深いエピソードが『徳川制度　補遺』に収録されている。[23] 元治元年（一八六四）一一月一五日、江戸の浮浪取締りのために巡邏中だった歩兵大隊が、水戸徳川氏退城の列と出くわしたという出来事である。

【史料15】

（前略）大隊長諏訪部大学はすなわち「止れ」の令を下して、兵を路傍に片寄らしめ、整列して捧げ銃の最敬礼をなしけるに、もとより兵の新式を知らぬ先供は、中々に呆れ顔に睜《みは》り、なお「下にいろ下にいろ」と連呼して止まりざりけれども、大隊長頑として少しも動かず。（中略）先供中の御徒目付談判にとて、大隊長の前に来たりぬ。大隊長冷然としていわく、「これ西洋の法なり、兵の作法なり」と。やむを得ず事を目付役西郷監物に訴えて処

分を乞う。監物（中略）「よしんば西洋の法にもせよ、かかる礼水戸殿にては受け申さず」と。大隊長なお屈せずして抗論し（中略）果てしなければ、西郷は諏訪部に向かい、「さらば致し方なし、歩兵をば後ろ向きになし、銃をば大地に伏せられよ。水戸殿にはこれらの歩卒を人間と見做さず、大目に見て御通行あるべきなり。尤も差図役とやらんは、一同下におりて礼をなすべし。（後略）

元治元年といえば、第一次長州出兵がおこなわれた年である。まさに幕末の動乱という時期だが、いまだ洋式軍隊の捧げ銃が平伏に値すると認識していない者もいたようだ。その結果、歩兵には行列に背中を向けて銃を地面に置かせることで、水戸殿には人間とは見なさず大目に見てもらおうということになった。何とも酷い話である。なお、この史料には続きがあり、抗論の翌日、陸軍奉行から水戸徳川家へ「以後、捧げ銃を以て歩兵の礼と思し召さるべし。昨日のことを以て例とし給うべからず」と談判があった。水戸家では、これは大事であり一存ではなり兼ねるとして、尾張・紀州両家と交渉して承知の旨を返答したという。

ここで、補足として『幕末御触書集成』から慶応三年一二月八日発布の次の史料を掲示したい。(24) これは登城に関するもので、なおかつ時代も下るが、表敬方法の変化がわかる法令である。

【史料16】

美濃守殿御渡

大目付江

御三家、御三《（両）》卿方江途中ニ而万石以上并同格之御役人行逢候節、是迄下乗いたし扣罷在、御三家、御三《（両）》卿方ニも下乗会釈被致候処、当節万石以上初乗切多、且供連等格別省略被　仰出候ニ付而者、向後壱騎乗之節者、乗馬之儘片寄扣罷在不苦候、御三家、御三《（両）》卿方に者、会釈不被致候積、尤、家来等召連、下馬致し扣罷在候ハ丶、前々

之通下乗会釈被致候、

一御三《（両）》卿方乗馬之節者、不被致下乗《（会釈）》候間、下馬ニ不及、其儘片寄扣罷在、騎馬供之者者下馬いたし、笠脱扣罷在候様可致候、

一御三家、御三《（両）》卿方、乗輿、乗馬之節共、布衣以上御役人并　御目見以上之面々者、是迄之通下馬致し、尤、御附之者前後相隔、自然下馬いたし兼候節者、乗馬之儘片寄扣罷在不苦候、

右之通、万石以上、以下之面々江可被相触候、

内容は以下のとおりである。御三家・御三卿（もしくは御両卿）に万石以上及び同格の役人が行き合った場合、これまでは下乗して控え、御三家・御三卿側も下乗して会釈したが、現在は万石以上をはじめとして乗ったままが多い。その上、幕府が登城時の供連れもなるべく減らすよう言っているので、今後一騎乗で出会った際は、乗ったまま端に寄って控えていればよい。御三家・御三卿側も会釈はしない。ただし、家臣等を連れて下馬して控えている際は、前々のように御三家・御三卿側も下乗して会釈する。そして御三家・御三卿が馬に乗っている場合は下乗（または会釈）しないので、下馬（下乗）する必要はない。そのまま端に寄って控え、騎馬の供の者は下馬して笠を脱いで控えているように。

また、布衣以上・御目見以上の者についても触れている。御三家・御三卿が乗輿、乗馬の際は、布衣以上の御役人と御目見以上の面々はこれまで通り下馬するように。もっとも、御付の者の前後を隔ててしまい下馬出来ない状況であれば、乗馬のまま端によって控えていればよい。

史料中に「当節万石以上初乗切多、且供連等格別省略被　仰出候ニ付而者」とあることから、前項冒頭で参照した史料4のように、文久改革の乗切登城が未だ影響を与えていることは明らかである。洋式軍隊引率時以外の表敬方法

も変化していたのだ。

以上、いくつかの史料を通してみてきたように、幕末における軍隊は将軍を含む高位の者の行列に対しては、捧げ銃をおこなうことで敬意を表していた。軍制改革による洋式軍隊の導入が、表敬方法にも変化を及ぼすことになったのである。

このことを「みえる将軍」論から考察してみよう。当然のことであるが、平座は将軍の身体をみるのに相応しいものではない。捧げ銃は起立しているわけであり将軍の身体をほぼ完全にみることができよう。そして捧げ銃は幕府が洋式歩兵に相応しい儀礼として公認した。このことは将軍のみえる身体を通じて洋式歩兵という新しい組織を編成しようという意思を読み取ることができるのではないだろうか。

第二節　千人同心と将軍

1　千人同心の将軍認識

本節では、千人同心が将軍と関わる史料から、彼らが将軍に対して抱いていた認識を探るとともに、冒頭で紹介した将軍拝謁が、彼らにとってどのような意義をもっていたのかを明らかにしていく。ここでは、千人同心の将軍認識についてみていこう。

千人同心が将軍に関与する機会の大半は、軍事調練の上覧や警衛といった間接的なものである。軍事調練の上覧は、先掲吉岡・宮澤論文においても触れられているが、大坂出兵中、度々おこなわれている。ここでは、その中で将軍についで言及している史料二点を提示する。最初の調練上覧は、慶応元年（一八六五）四月二一日に駒場野でおこなわれた進発のための行軍御試であった。この時のことについて、一九歳で長州出兵に参加した第八小隊 土方健之助は、「土方日記」に次のように記している。

【史料17】〔土方日記・慶応元年四月二一日〕

一、丑四月廿一日

同日暁七ツ時ゟ壱番ゟ拾六番隊迄、朝五ツ時ニ諸隊駒場野ニ出張相揃控居候処　上様朝五ツ半時頃御馬印等相立、其外御小姓衆御側衆等美々敷御出立ニ而、　上様　白の御陣羽織被為召候而出御ニ相成候、夫ゟ　上様　小高き所ニ幕を張候而其前後左右ニ御側衆等大勢並び居られ、先一番ニ御旗拾弐流同七流之行軍　上様　直く前ニ而相始り申候、右御旗者惣白之御旗十二流ニ白地ニ御紋付之御旗七流也、何れも吹長し有之候、夫ゟ一番隊ゟ順々に上覧相済、亦諸隊ニ而　上様　四方ニ相立、上様を中ニ致シ大方陣相作り、大砲小銃等厳敷打立候得者揚貝相吹候ニ付夕七ツ時ニ諸隊追々引取、　上様ニも直様還御ニ相成候、

土方は将軍の様子について、「馬印を立て、そのほか御小姓衆や御側衆などが「美々敷」出で立ちだった」、つまり「はなやかで美しい」出で立ちだった」と記している。そして将軍は白の陣羽織を着用し、小高い所に幕を張って、その前後左右には御側衆が大勢並んでいたという。なお、家茂が歴代の将軍と比較して多くの人々に姿を見られていることは、久住真也が指摘している。文久三年（一八六三）の上洛時、家茂は自ら歩行する頻度が高かったことから、その生身をさらす機会も多かったと推測されるという。(25) とはいっても、将軍を直接目にするという行為の貴重さは、未だ失われるものではないはずだ。普段将軍に拝謁する機会のない平同心、それもまだ若い土方からすれば、家臣を従えて調練場に出た将軍の姿は、まさに権威の象徴のようにみえたのではないだろうか。

史料の内容に戻ろう。調練は、行軍の後に一番隊から順々におこなった。それが済むと、諸隊が将軍を囲む大方陣

を作り、大砲・小銃を打ち立てた。将軍はただ単に上でみているだけでなく、実際に調練に参加しているようだ。

さて、こうした調練は、同年五月三日に再び駒場野で、六月一四日には大坂玉造講武所にておこなわれた。六月一四日の調練で千人同心は、間接的ではあるが将軍から上意を賜っている。それが次の史料18、第七小隊組頭の「小嶋日記」六月一五日条の記載である。前日一四日の調練について、千人頭原嘉藤次が千人同心一同へ伝達したものだ。

【史料18】〔小嶋日記・慶応元年六月一五日〕

十五日雨

一銃隊調練

上覧罷出候ニ付、於　御場所御目付（見カ）江被仰付、一同太義と上意有之候、且組之者一同業前宜敷旨、甲斐守殿被仰聞候、此段為心得相達候事、

六月十五日　　原嘉藤次

壱より八迄

調練上覧について、千人同心支配の講武所奉行渡辺甲斐守を通して「一同太義」と上意があった。そしてまた、組の者一同の業前（腕前）もよいと伝達された。ここで与えられた将軍の言葉は、殿中儀礼ではなく調練上覧の場で、しかも間接的なものである。しかし彼らにとっては、先の史料17を含め、将軍上覧の調練に参加するということに意味があり、加えて将軍の「お褒めの言葉」をもらえるということが重要だったのではないだろうか。こうしたことは千人同心にとって、自分たちが御家人であるという認識を強め、「武士志向」を満たすものだったと考えられる。

2　千人同心の将軍拝謁

ここでは「丸山日記」から、千人同心の将軍拝謁一件についてみていく。慶応二年四月六日、千人同心に芸州への出立命令が伝達され、それにともなって次の内容も仰せ渡された。

【史料19】〔丸山日記・慶応二年四月六日〕

明後八日朝出立之事、喜八郎、嘉藤治、御目見被　仰付組之者、一同於大広間ニ　拝謁いたし候様信濃守殿被仰渡候、但五ツ時前追手前江御操出事、

明後八日朝出立のことについて、千人頭の窪田喜八郎と原嘉藤治が御目見を仰せ付けられ、組の者一同も大広間で拝謁するようにという内容だ。「目見」と「拝謁」という二つの語を使用しているが、ここでは「目見」を仰せ付けられた千人頭の方がより正式なもの、そのほか組頭一同はそこに同席させてもらうという印象だろうか。拝謁は翌七日におこなわれた。その様子が次の史料である。少々長文であるが掲載する。

【史料20】〔丸山日記・慶応二年四月七日〕

一、七日天気、芸州表出張者斗一同砲隊致服着用、御頭両人兼而御達之通早五ツ時、揃ニ而御陣営ヲ一同出張、追手前勤番所前江御筒ヲ建させ候上、　御城江俗事掛リ坂本源吾輔罷出御様子相伺候処、同日昼九ツ時同人退出之上、御刻限ニ相成候間、早々　御城江御操込被成候旨、陸軍方ゟ達シ之趣之由ニ付、両御頭御跡江組頭一同引続、兵士一同追手御門より入、尤例之通陸軍方印鑑入口見張所江差出候事、夫より御門ニ入御玄関右之方御門ヲ入リ、御中之口ゟ上リ左之方江御廊下ヲ通、御玄関御次ヲ前ヲ通リ、夫より諸役人中詰所々之部屋前廊ヲ通リ候而《（下脱カ）》、先御支配向講武所奉行御勤被成候渡辺甲斐守殿御詰所前通、御廊下ニ一同控居候様御達ニ付、同所ニ賢《（暫カ）》く控居候処、陸軍奉行溝口伊勢守殿より、御頭並一同罷出候様御達ニ付、同所江一同刀ヲ置、夫より御表通リ御座向ヲ通リ、大広間御廊下江出御同所ニ而組頭ハ前江進、四頬ニ而跡江引続兵士一同六人位宛何頬ニも並居御頭者大広間

御座鋪ニ而組頭前頬ニ而右御廊下左リ方御障子際ニ、大目付、　御目付両人出座、御頭者御両所様共御正面ニ而、御頭右之方ニ陸軍奉行伊勢守殿、御目付衆ヲむき合ニ御着座、程監《(暫カ)》ク相控居候処、九ツ半時頃、御奥御方より御側衆ニも有之候哉シイシイト御制詞声聞候ニ付、一同平伏罷在候、御襖双方へ御引分ケ相成候得者、乍恐御陣羽織被為　召、　公方様出　御　上意有之、此度芸州表江差遣ス不覚悟無之、何レ茂忠勤ヲ励メト、　上意直クニ陸軍奉行溝口伊勢守殿御請、　上意之趣奉畏候旨申上、直クニ　御退座被為　在候、大広間御張付重松に孔雀惣金、御欄間牡丹花揃鳥等、金銀極彩色詰構《(ママ)》成事、言語難述候事ニ有之、其荒増ヲ相記、夫より御頭並一同引取退出、追手前より平常通行之通ニ而御小屋江罷帰リ、明日出立ニ付、夫々荷拵等致ス、

史料20によれば、千人同心で芸州表に出張する砲隊の者たちは、早五つ時（午前八時頃）に陣営を出発した。（隊の一同には）追手前の勤番所前で銃を立てさせた上で、俗事掛の坂本源吾輔が御城へ様子を伺いに行き、その後昼九つ時（午後〇時頃）に退出してきた。そこで、坂本を通して伝えられたのだろう。陸軍奉行より、刻限となったので早々に御城へ入るようにとの達しがあり、千人頭の二人、続いて組頭、その他同心一同が追手門より入城した。その際はいつものように、入口の見張所に陸軍方の印鑑を差し出し、そこから御門に入った。

入城した一同は玄関ではなく、その右の方の「中之口」より城内へ入っている。江戸城では、老中・若年寄などの幕閣や諸役人は、玄関を使用する大名とは異なり、通用口にあたる納戸口や中之口から出入りしていたという。大坂城においてもその点は変わらなかったのだろう。千人同心の場合も、その身分から当然玄関を使用することは出来ず、中之口を使用したと考えられる。

さて、城内に入った一同は、諸役人の詰所などがある廊下、そして講武所奉行 渡辺甲斐守詰所前を通って一度控えることとなる。そうしたところ陸軍奉行 溝口伊勢守からのお達しがあり、その場で刀を置いてから表を通り、御

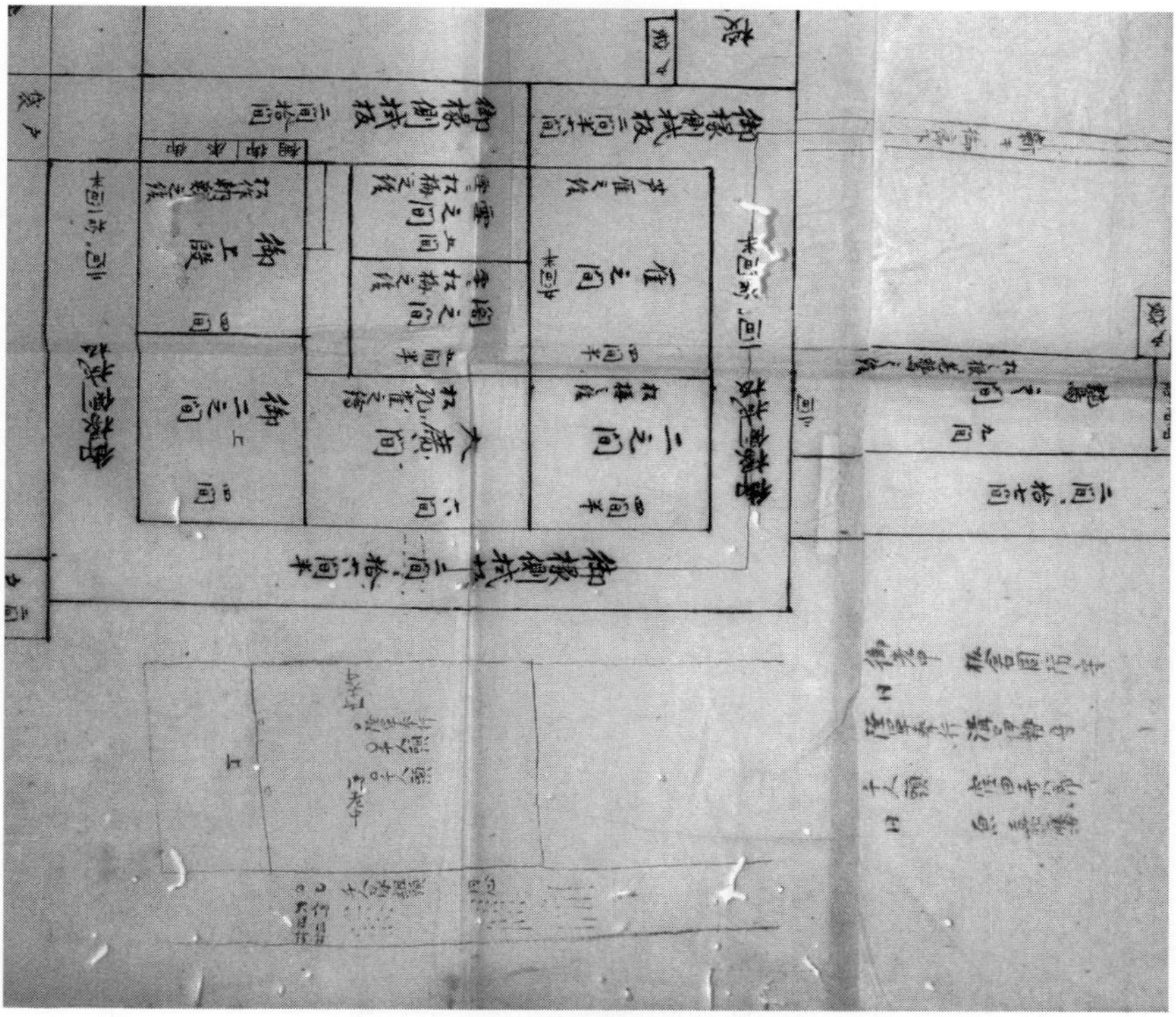

【写真１】大坂城中絵図（「小島達也家文書」より）

座向きを通って大広間の廊下へと出ていった。大広間では、千人頭は御座敷に着座したが、組頭以下は縁頬（側）に座った。各人の着座位置については、「大坂城中絵図」を参照したい[26]（写真１）。

本史料には、中之口から大広間まで千人同心が通過したルートと共に、大広間での着座位置が朱で記されている。謁見は大広間と御二之間、縁側を使用しておこなわれた。大広間には陸軍奉行・千人頭二人の計三人が着座。その前に老中が二人向かい合うように座っている。組頭以下の者たちは縁側に着座。組頭の横には大目付と目付が座っている。ここで史料20に戻ろう。こうしてそのまま控えていたところ、九つ半時（午後一時頃）に奥の方から、御側衆だろうか、「シイシイ」という制詞（静止）声が聞こえてきた。一同が平伏したところで襖が開き、陣羽織を着た将軍が現れる。将軍の着座位置は写真1を参照すると御二之間である。将軍は、「此度芸州表江差遣ス不覚悟無之、何レ茂忠勤ヲ励メ」と述べた。陸軍奉行の溝口伊勢守がこれに返答をし、将軍は退出した。

以上が儀礼の一連の流れであるが、史料ではこの後に、大広間の装飾について記される。それによれば、大広間の壁は重松に孔雀の惣金、欄間は牡丹花揃、鳥など金銀極彩色の詰構で言語に尽し難いという。装飾についてここでは触れないが、まさに大広間が将軍の権威を高める装置として千人同心にも機能しているようだ。

さて、史料19で見たように、この儀礼は千人同心全体を対象としたというよりも、千人頭を主対象とした儀礼に見受けられる。しかしながら、組頭以下同心たちが同席して将軍拝謁を許されたということは、この儀礼が実質千人同心全体に向けておこなわれたものと考えてほぼ良いだろう。再度述べるが、組頭以下の千人同心が殿中儀礼に参加するということは、平時の儀礼と比較して異質である。平時、それも正月や将軍宣下といった限られた機会に謁見が許されていたのは、千人頭である。寛政御改正で「千人同心は御家人である」というイメージが広がっていたとしても、それは正式に認められたものではなかった(そもそも御家人自体、御目見以下であるのだが)。

さて、この儀礼の異質性を強調したところで、謁見をおこなった部屋、礼席について見ていこう。謁見場所は大広間となっている。江戸城を例にみれば、礼席は年始のように公的な性格が強い儀礼は玄関に近い部屋で、月次のような日常的な儀礼は、表であっても奥に近い部屋になる。また、将軍との親疎関係や家格も影響し、関係が近く家格が高いほど将軍の居住空間に近くなる。今回の謁見は戦時の儀礼ということもあり、公的儀礼と日常的儀礼のいずれかに分類することは難しい。また、両者のどちらとも性質が異なる儀礼に見受けられるため、分類することはしないが、将軍との親疎関係や家格という点では、千人同心が玄関に近い大広間で謁見したことはうなずける。

つぎに、将軍の言葉に着目してみよう。将軍は、千人同心に向かって「此度芸州表江差遣ス不覚悟無之、何レ茂忠勤ヲ励メ」と述べている。念のため、別の千人同心が記した史料も参照しよう。史料21は「土方日記」慶応二年四月七日条の記事である。

【史料21】〔土方日記・慶応二年四月七日〕

一、四月七日快晴、（中略）御頭者大広間組之者一同御廊下ニ平伏、尤講武所奉行陸軍奉行各々平伏罷在候得者、無程　出御被遊候趣、一同江此度芸州表江差遣ス、不無覚語（悟）忠勤ヲ励ト御意被遊候ニ付、（後略）

右史料で将軍の言葉は「此度芸州表江差遣ス、不無覚語（悟）忠勤ヲ励」となっている。わずかな違いはあるものの、ほぼ同じ言葉を掛けられたとみて間違いないだろう。一方、先に参照した大坂城中絵図では少し異なっている。絵図の隅に将軍が発した言葉が朱書されているのだが（写真2）、つぎのとおりである。[27]

【史料22】

慶応二寅年四月七日晴

御進発之節、大坂於　御城御殿千人頭御目見被仰付、并組頭同心拝謁被　仰付、朱引之通り通上り於　大広間

上意之趣

何れも励忠勤ヲ、（後略）

こちらは「何れも励忠勤ヲ」だけである。なお、謁見について第一小隊組頭小野造酒之助が生家へ送った書状には、「上意之趣、いつれも不覚悟無之出精忠勤可励との御意有之候」[28]とある。「此度芸州表江差遣ス」という部分が抜けてはいるが、ほぼ類似の内容であろう。これら史料20〜22を比較すると、いずれが正しいのか判別はできかねるが、将軍が「不覚悟無之何レ茂忠勤ヲ励メ」と言った可能性が高い。

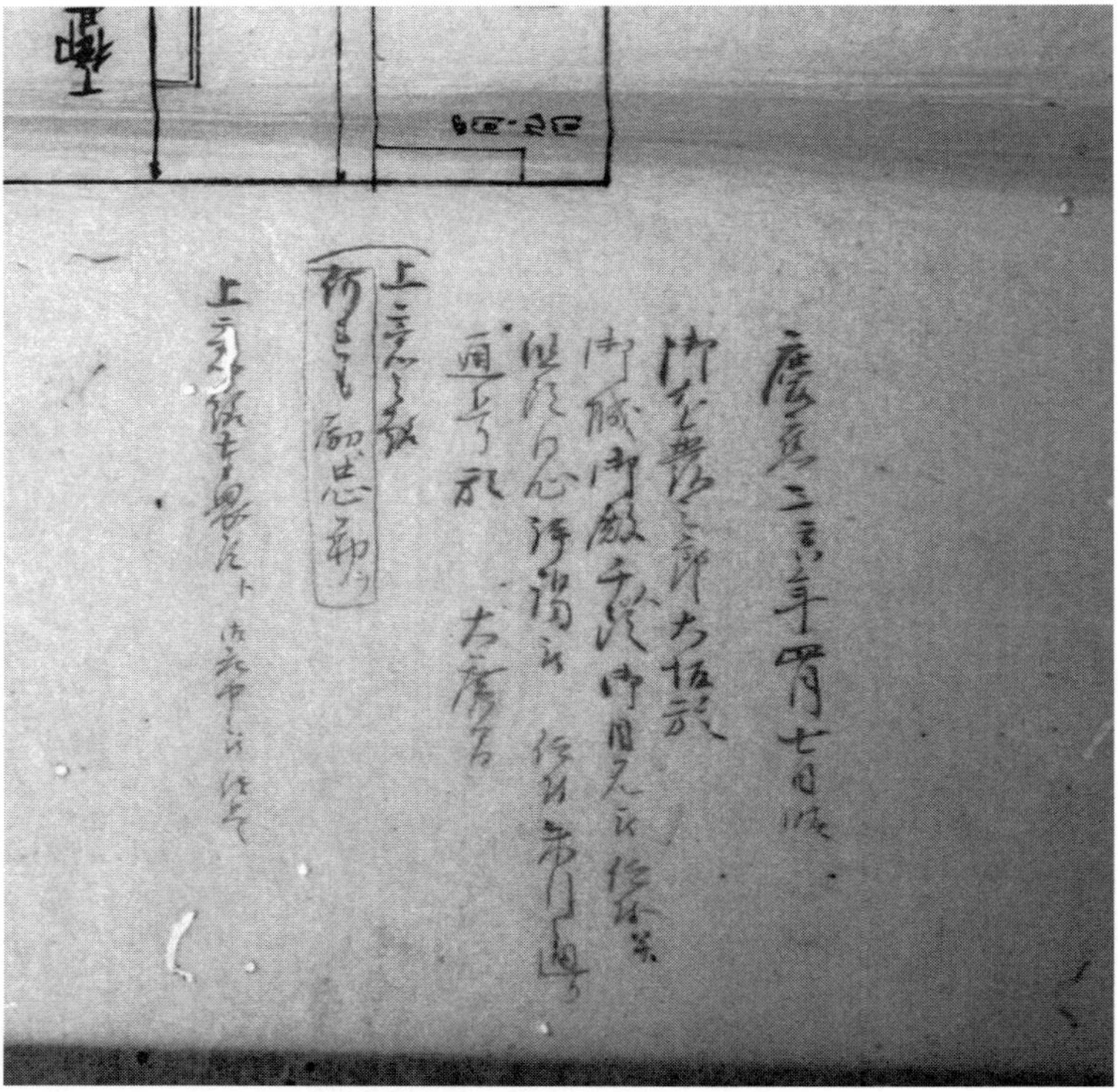

【写真２】大坂城中絵図（「小島達也家文書」より）

将軍が儀礼時に発する言葉については、寛政四～七年（一七九二～九五）を対象とした深井の論考がある。[29]深井によれば、総じて将軍はさまざまな行事の際に口数は少なく、寡黙であることが威厳を保つ要素であったという。将軍は最も格式が高い日光門跡と御三家には敬語を、それに次ぐ前田氏には敬語でなく命令口調を用いた。任官後の官位御礼では、諸大夫は声も掛けられていない。そして幕臣の遠国派遣の場合、一般的に将軍の言葉は「念を入て勤い」だったとしている。

因みに深井は論考のなかで、将軍の言葉の重さを表すエピソードとして、加賀藩一〇代藩主前田治脩の将軍拝謁時の出来事を紹介している。内容は、明和八年（一七七一）、治脩が一〇代将軍家治御前で、家督相続を許された際に掛けられた言葉が長く、同行していた常陸府中藩主松平頼済が、将軍の言葉は少しであっても重いから、こうした長い言葉をかけられるとは、「あなたの家柄は格別のことと思う」と感心したというものだ。

なお幕末の儀礼は、これまで見てきたとおり平時と比べて異なっており、久住が指摘するように将軍の姿というのも変化している[30]（みえない将軍からみえる将軍へ）。それを踏まえると、幕末の将軍が下賜する言葉の意義を検討し、それに当てはめて千人同心の事例を比較することが当然望ましい。ただ、本稿では筆者の力量不足で及ばなかったため、久住の論考を基に出来るだけの比較を試みると、千人同心の場合は、幕臣の遠国派遣が比較的近い状況であろうか。将軍の言葉が「不覚悟無之何レ茂忠勤ヲ励メ」、もしくは「此度芸州表江差遣ス、不無覚語（悟）忠勤ヲ励メ」のいずれだったか厳密には不明であるが、どちらにしても長く重い言葉と言えよう。

こうした異質な儀礼がおこなわれた原因は、当然、長州出兵ひいては国内の擾乱にある。幕府にとっては、戦時の軍の士気向上を目的として、一時的におこなったものではないだろうか。第一節で見たように、文久二年の服制変革が翌三年に元に戻ったことを考えても、定常化させるつもりはなかっただろう。

ここで最後に、この拝謁について、先に提示した小野造酒之助の生家への書状の前段部分を簡単に紹介しよう[31]。

【史料23】

扨俄ニ千人砲隊芸州広島江出張被仰付、今八日大坂表出立仕候、別紙之通昨七日　御城江罷出、御頭ハ大広間、私共御同役外御同心一同大広間御縁側相詰、名目こそ違ひ私共一同ニも　御目見同様之儀被仰付、実に冥加至極難有事ニ而、上意之趣、いつれも不覚悟無之出精忠勤可励との御意有之候、

拝謁について、自分たちは名目こそ違い御目見同様の儀を仰せ付けられたが、「実に冥加至極難有事」、つまり「実に思いがけない幸せで、この上なく有難いことである」としている。生家に書状を送るほど、小野にとっては嬉しく

驚くべきことだったのだ。

以上、拝謁のようすを概観してきた。拝謁が直接、千人同心の御家人意識に結びついたという史料は提示出来なかったが、それでも長州出兵によって変質した儀礼が、幕府の意図とは別に、千人同心の「武士志向」を満たすことにつながっていたと考えてもおかしくはないだろう。

おわりに

本稿では、平時の儀礼と長州出兵時の儀礼を比較するとともに、それが千人同心にとってどのような意義を持っていたのかを探ってきた。

まず、長州出兵における戦時の儀礼は、平時と比較して服制・表敬の方法という点で変化している。服制は乗切登城許可が影響を与えたほか、特に文久改革の内、服制変革の通達が出された文久二年(一八六二)閏八月二二日以降、戦時に向けて徐々に移行する。文久改革では熨斗目長袴が廃止され、先例に基づいておこなわれる殿中儀礼に影響を与えた。この服制変革は文久三年には一度元に戻るものの、慶応元年(一八六五)に再び変化する。それは、調練場より登城する者は羽織・襠高袴のまま、一度退出してから登城する者も、殿中羽織・襠高袴で出ても構わないというものだ。多くは乗馬用に用いる襠高袴を許可しており、戦時体制に向けてより実用的な服制を取り入れていったものとみられる。この後も服制は変化し、慶応三年には、武役ほか一部の者の平服が筒袖羽織・陣股引になった。

表敬については、将軍など高位の者の行列が通過する際、軍隊は平伏ではなく捧げ銃を敬礼として用いることが定形となっていた。これは文久の軍制改革により、洋式軍隊が導入されたことに起因する。長州出兵を含む幕末の国内擾乱は、いわば大名や幕臣を統制する装置であり、厳密な規定の下でおこなわれる儀礼に、実用性という性質を与えていったのである。

さて、このように儀礼が変質した結果、御目見以下の千人同心が、将軍の目に直接触れるようになった。彼らは将軍の眼前で調練をおこない、上意を下賜され、果ては殿中で拝謁を許されている。たしかに家茂は上洛時、歴代将軍の中では比較的多くの人に姿をみられている。とはいえ、「将軍をみられる」という貴重さがそう簡単に失われるとは考えにくい。現に、これまで将軍をみる機会がほとんどなかった千人同心は、その詳細を日記に記し、家族に書状を送って報告し喜んでいる。もちろんこれらは幕府側からすれば、将軍の権威付、軍の士気向上という意味合いであり、千人同心を正式に御家人として認める意図はなかったはずだ。しかしながら、千人同心にとってのそれは、自分たちが御家人であるという意識をより強め、結果的に「武士志向」を満たしてくれるものだったといえるだろう。もっとも同心たちがそのように実感できたのも、将軍の身体が公式に明瞭にみられる捧げ銃や、従来ありえなかった城中での言葉の下賜といった幕末期の新しい状況に適応した将軍の対応が背景にあったからであることはいうまでもない。

註

（1）　深井雅海『江戸時代武家行事儀礼図譜』（東洋書林、二〇〇一）、同『江戸城―本丸御殿と幕府政治―』（中公新書、二〇〇八）、同『図解　江戸城をよむ』（原書房、一九九七）、二木謙一『武家儀礼格式の研究』（吉川弘文館、二〇〇三）、大友一雄「近世武家社会の年中儀礼と人生儀礼―はじめての御目見に注目して―」（『日本歴史』六三〇、二〇〇〇）、同『日本近世国家の権威と儀礼』（吉川弘文館、一九九九）、渡辺浩『東アジアの王権と思想』（東京大学出版会、一九九七）。

（2）佐野真由子『幕末外交儀礼の研究　欧米外交官たちの将軍拝謁』（思文閣出版、二〇一六）。
（3）村上直編『増補改訂　江戸幕府八王子千人同心』（雄山閣出版、一九九三年）、同『八王子千人同心史料　河野家史料』（雄山閣出版、一九七五）、八王子市教育委員会『八王子千人同心史』資料編Ⅰ・Ⅱ（八王子市教育委員会、一九九〇）、同『八王子千人同心史』通史編（八王子市教育委員会、一九九二）。
（4）吉岡孝『八王子千人同心』（同成社、二〇〇二）、同『八王子千人同心における身分越境―百姓から御家人へ―』（岩田書院、二〇一七）。
（5）深井雅海『江戸城―本丸御殿と幕府政治―』（中公新書、二〇〇八）三〇頁。
（6）深井註（5）三八～三九頁、市岡正一『徳川盛世録』（平凡社、一九八九）一三一～一四〇、三二〇頁、尾張徳川黎明会編『徳川禮典録』上巻（尾張徳川黎明会、一九四二）一～五頁。
（7）八王子千人同心史編集委員会編『八王子千人同心関係史料集』第一集「千人頭月番日記（1）」（八王子市教育委員会、一九八八）二八三頁。
（8）『八王子千人同心関係史料集』第一集「千人頭月番日記（1）」二八六頁。
（9）「新板改正　文政武鑑　御役人衆巻之三」文政二年分（請求記号800―27国立国会図書館蔵）、国立国会図書館デジタルコレクションでは「文政武鑑4巻」（5）三八コマ目に該当。
（10）尾張徳川黎明会編『徳川禮典録』中巻（尾張徳川黎明会、一九四二）二九〇頁。
（11）『維新史料綱要』第四巻、一五四頁（文久二年閏八月二三日条）。
（12）石井良助・服藤弘司編『幕末御触書集成』第三巻（岩波書店、一九九三）二三〇二号。
（13）『日本国語大辞典』（小学館、二〇〇〇）。

(14)『幕末御触書集成』第三巻、二三〇三号。
(15)『幕末御触書集成』第三巻、二一九三号。
(16)市岡註(6)二七一頁。
(17)『幕末御触書集成』第三巻、二三〇二号。
(18)『幕末御触書集成』第三巻、二三〇五号。
(19)『幕末御触書集成』第三巻、二三〇八号。
(20)『幕末御触書集成』第三巻、二三一五号。
(21)『幕末御触書集成』第三巻、二三一七号。
(22)『幕末御触書集成』第三巻、二三二一号。
(23)加藤貴校注『徳川制度　補遺』（岩波書店、二〇一七）二九三〜二九五頁。
(24)『幕末御触書集成』第三巻、二三三五号。
(25)久住真也『王政復古―天皇と将軍の明治維新―』（講談社現代新書、二〇一八）二七頁。
(26)(27)「大坂城中絵図」（小島達也家文書16、町田市立自由民権資料館）。
(28)『八王子千人同心史』資料編Ⅱ、二四五頁。
(29)深井雅海「将軍の言葉に見る格式―寛政四〜七年「御意之振」の紹介・分析を中心に―」（『金鯱叢書』四三、二〇一六）。
(30)久住註(25)。
(31)『八王子千人同心史』資料編Ⅱ、二四五頁。

八王子千人同心と医療

西留　いずみ

はじめに

慶応二年（一八六六）五月、第二次長州征討が勃発した。太平の世が続いた近世において、長期間他所へ出兵するという事態は稀有な経験であった。多数の兵を引き連れての軍事行動に、外傷や病は当然想定される。とりわけ大坂での滞陣生活が一年近くあった第二次長州征討では、故郷を遠く離れての長旅、慣れない団体行動、重責を担っての任務などの諸条件の下で、ストレスや、不衛生、感染が引き金となり、通常より病も起こりやすくなっていたであろうことが予想される。どのような病が発生し、治療の実態や病死の扱いはどのようであったのか、それに対して幕府はどのような医療環境を準備したのか。幕府歩兵隊とともに出兵を命じられた千人同心たちを例に考察してみたい。

慶応四年正月に起きた戊辰戦争では、イギリス公使館医師ウィリスが京都相国寺を官軍病院として活躍し、その後、新潟・会津へと、軍医として多数の傷病者の治療にあたったことが知られている(1)。戊辰戦争に先んじた第二次長州征討での医療をみることは、日本における軍事医療の創始期を明らかにすることである。さらに言えば、戊辰戦争における医療は新政府軍に主導されたものであったが、長州征討のそれは幕府軍が用意したものであり、幕府が本格的な戦闘にどのように対峙したかをそこから読み取ることもできるであろう。出兵した同心が残した日記には、大坂滞陣中、疾病や外傷で治療を必要とする者のために「病院」が用意されていたことが記されている〔小嶋日記・慶応元年六月二二日〕。

近世において初めて病院と呼べる医療施設が現われるのは文久元年（一八六一）、ポンペによって設立された長崎養生所で、ベッド数一五の病室が八室に、手術室等も備えた日本初の近代的洋式病院である。(2) 長州征討時に幕府が大坂に用意した病院は、あくまで寺や民家に設置された仮病院であり、設備や診療内容など長崎養生所と比ぶべくもないが、本邦初の軍病院であったことは間違いない。ただし、実際は大坂での滞陣期間が約一年と長く、戦闘による外傷の手当てというより、前述のような、故郷を遠く離れての慣れない団体行動、重責を担っての任務など諸条件の下でストレスや不衛生、感染が引き金となった内科的疾病の治療が主となった。

千人同心の長州戦争随行時の病気に関しては、『八王子千人同心史　通史編』が、「丸山日記」や「小嶋日記」等を用いて簡潔に纏めている。(3) 今回の報告ではそれらの史料の他に、多摩郡犬目村（現八王子市）の小野造酒之助の日記「小野日記」を加え、主に戦のために滞陣している状況下での医療状況について考察する。

同時期に長州征討に出兵した幕府歩兵隊の医師に関して、深瀬泰旦が手塚良斎の『医学所御用留』を翻刻し、これについての論稿もある。(4) 本稿では深瀬の研究成果を参考とした。なお『医学所御用留』は歩兵隊の病に関することや実際の治療の内容については言及しておらず、主に歩兵隊医師の任命、禄、幕府側の戦況に付随した動きなどについて書かれた記録となっており、今回使用する同心たちの日記も治療内容に関しての記載は少ないが、幕府が戦にあたりどのような医療体制を組んで臨み、実際にどのような病が発生し、どのような対策が取られたのかを主体に読み取りたい。

第一節　大坂滞陣時の医療態勢

慶応元年（一八六五）五月一一日、同心たちは大坂へ向けて出立し、途中、観光も交えつつ余裕のある行軍を経て三〇日目の閏五月一〇日、大坂内本町太郎左衛門町の仮陣営に到着する。閏五月二五日に将軍が大坂城へ入城して以降、同心たちは大坂城の追手前勤番所に詰めて警備にあたることとなった。六月からは市中巡邏の仕事も開始し、慌ただしく緊迫した生活となる。以下に彼らの日記記述から医療に関して特記すべき事項を拾い上げ検討を加える。表１・２に丸山・土方の同心日記から、病に関わる記載を抽出し時系列で並べた。

【表１】　第八小隊　丸山惣兵衛「丸山日記」（慶応元年5月～慶応2年5月20日）

日記の日付	氏名（第一小隊の場合は①と表記、以下⑧まで同じ）	状態	備考
慶応元年5月17日	丸山惣兵衛⑧	不快	三島宿出立の際、小池紀一郎⑧、越石敬之助⑧が代わりに列歩を勤めた。
6月8日	山崎元兵衛⑧、山本関蔵⑧、町田留右衛門⑧、牛尾五郎右衛門⑧	病気	追手門勤番見張りとして出張すべきところ、病気につき罷り出ず。
11日	石井権一郎（太鼓方）	病死	太鼓打方志村源一郎組。12日、大覚寺から焼き場迄一小隊より二兵士ずつ差し出し見送り。
14日	木村縫次郎⑧、細田健之助⑧、小坂栄三郎⑧、牛尾五郎右衛門⑧	病気	出張せず、居残り。

20日	木村縫次郎⑧、天野小十郎⑧、小山藤吉⑧、山崎元兵衛⑧	病気	巡邏出張せず、居残り。
22日			御滞坂中、諸向病人のため尼ヶ崎町壱丁目清之介持借家を当分病院仰せつけられる。病気の者や薬の欲しい者は竹内渭川院へ申し談ずべきこととのお達しあり。
26日	前島真太郎⑧	腫物	丸山惣兵衛、小池紀一郎、越石敬之助、兵士二八人が出張、病気の者届出差し出す。
28日	木村縫二郎⑧、青木伊与蔵⑧、小坂栄三郎⑧、近藤安太郎⑧	病気	病之者姓名書差出す。
7月2日	小峯小太郎⑦	病死	大覚寺にて小隊兵士二名ずつ、葬送を見送る。
3日	町田忠太郎④	病死	
3日	近藤安太郎（一八歳）⑧	病死（温疫）	亡骸は西南明御小屋へ連行。4日、迎え駕籠にて下寺町京都百万遍末大覚寺へ。僧と面会、小峯小太郎の葬送と同じ扱いで了解する。八番小隊より一二人、小隊より二人ずつ、本組御長柄方并御旗差よりも参り見送る。湯館場にて浴致しお棺に入れて本堂にて僧の誦経、葬式、焼香、焼き場へ。高松藩中医師間瀬道甫の容体書「6月29日より診察したが、温疫の病にて外陽散火湯を用いたが俄に絶命」。大覚寺への布施、位牌、石塔、永代墓所掃除料の代金明細など記載あり懇ろに弔っている。新盆にも詣で回向料も支払う。
7日	石山忠三郎⑤	病死	山本関蔵、土方健之助を惣代として差し出す。

8日	前島真太郎⑧	病気	
9日	村内伊之吉⑧	病気	病院治療いたしたく申出る。
9日	大野乾三郎⑧	病気	村内伊之吉同様。尼ヶ崎壱町目の仮病院へ罷り越す。
9日			講武所奉行衆より秋暑甚だしいため小屋に風を入れるようにとのお達しあり。
11日	丸山惣兵衛⑧	不快	休む。
25日	川村虎次郎⑦	病死	従弟の織田嘉吉が付き添って介抱していた。
27日	越石敬之助⑧	病気	巡邏罷り出ず。
8月1日	井上松五郎⑧		病院にて薬をもらいたいとのことで書面を差し出す。
6日	牛尾五郎右衛門⑧	病気	町医に診てもらっていたが、よくならず、病院にて療治したいと申し出る。
6日	秋山重太郎⑧	発熱	
6日	中村幸三郎①	発狂	河野仲次郎殿組組頭。三日ほど前から癇性強く、見守ってきたが発狂。塩野幸七郎へ切りかかった。八王子へ送り返し、よくなったらすぐ戻すことにする。狂気とはいえ、後に非常に後悔もしているので全快までは入用も差し出すことにする。
6日	塩野幸七郎①	切り傷	中村幸三郎に切りかかられるも久保寺町町医鈴木一東に療治してもらい、よくなり10日からは復帰。
13日	石田藤太郎②	入院	7／8　入院中の者に兵粮米を送る。
	大沢由太郎⑥	入院	7／9

	大森助八⑥	入院	7/18
	牛尾五郎右衛門⑧	入院	8/6
	秋山重太郎⑧	入院	8/6
	久保藤五郎⑤	入院	8/11
17日	秋山重太郎(二五歳)⑧	病死 熱症 回虫	近藤安太郎と同様の扱い。一小隊二人ずつ、当隊より一五人見送り。病状書「八月六日入院、脈浮沈にして細数。舌上苔厚、譫言、便秘煩悶。これは則純神経熱なり。かつ沈虫。殺虫の剤や諸剤を投ずるも回復せず、便秘の薬や浣腸を施してもお通じなし。何も食べられず十日になり、回虫六匹を嘔吐。発病より六日たち大便快通、便中に回虫六匹。少し、よくなるも譫語妄起、煩悶止まず、小便も出ず、汗をかいて薬も飲めず、十七日死亡」。飛脚にて八王子へ連絡する処、御長柄山本弥左衛門殿家来出府に付き、国許へ知らせてもらうことに。
23日	越石敬之助⑧	病気	追手門前当番のところ、出張できず。
9月1日	前島真太郎⑧	病気	追手門勤番罷り出ず。
1日	越石敬之助⑧	病気	病気につき、同人父越石元太郎、代わりに助合出勤。
4日	石田藤太郎⑥、吉沢由五郎⑦、大森助八⑥、久保藤五郎⑤、牛尾五郎右衛門⑧、山口和吉⑤、平野林太郎④	入院	病院逗留の者へ糧米を送る。
5日	平野林太郎④	病死	見送りとして、島崎常二郎、加島斧三郎を差し出す。
12日	第一、第二司令士	病気	

13日	井上松五郎⑧、町田留右衛門⑧、牛尾五郎右衛門⑧、秋間桂助（⑧の秋間圭三郎か）	病気	病気につき、出張できない旨姓名を差出す。
25日	牛尾五郎右衛門⑧	退院	病気全快につき、退院。
29日	小池紀一郎（三五歳・右嚮導）⑧	死亡 切り傷	9月24日夜、何者かに切られ久保寺町・町医鈴木一東を呼び寄せ診せ、手を尽くしたが25日に死亡。見分書「疵所耳下後から七寸ほど深さ二寸。背中左のほうへ突疵一寸五分」。
10月3日	越石敬之助⑧	病気	同人父助番として出張。
6日	滝島弥市⑧	病気	治療したいとのことで尼ヶ崎町壱町目病院へ行く。千人頭へ申出、竹内渭川院へ相達す。
7日	越石敬之助⑧	居残り	病気のため出立できず、野口卯兵衛が居残り介抱する。
7日	秋山重太郎⑧	供養	惣兵衛、大覚寺へ茶湯料その他寄附取り計らい。死去の節は取扱帳に記載。
7日	井上松五郎⑧、町田留右衛門⑧、秋間圭三郎⑧、木邑縫次郎⑧、小坂栄三郎⑧、牛尾五郎右衛門⑧	病気	病気居残り。
24日	滝島弥市⑧		竹内渭川院へ達して治療を願い出ていたが竹内が7日に伏見へ出張したので代わりの者が詰める。
26日	越石敬之助⑧	全快	全快したので出勤。
26日	前島真太郎⑧	風邪	出勤せず。

11月3日	滝島弥市⑧		通院で治療していたが、入院を願い出、尼ヶ崎壱町目病院へ入院。井上松五郎、同道。糧米などは後から差し送る。
20日	設楽甚九（五か）郎①	病死	見送りとして惣代土方健之助、細田健助を差し出す。
23日	牛尾五郎右衛門⑧、秋間圭三郎⑧、町田留右衛門⑧		長期間病気につき一同へ酒料差し出す。
28日	丸山惣兵衛⑧	不快	罷り出ず。
12月16日	秋間圭三郎⑧	入院	先々月、町医にて治療したところ全快、薬を止めていたが再発し今度は病院にて療養願う。同日、昼過ぎ、小山藤吉、村内伊之吉が付き添う。
21日	丸山惣兵衛⑧	不快	罷り出ず。
25日	滝島弥市⑧	行方不明	22日の夜より他出、行方知れずとなる。
慶応2年2月29日	秋間圭三郎⑧	傷冷毒と疥癬	病院において去る12月16日より治療するもよくならず、八王子に帰り治療したいと願い出、医師より容体書を取って出すこと。九〇日経過して、疥癬はよくなったが諸部に激痛あり、起き伏しの動作も困難である。傷冷毒も諸剤を与えてもよくなっていない。
3月5日	秋間圭三郎⑧、金子幸三郎⑥、吉沢由五郎⑦、大塚源次郎（不明）	帰国	昨年より病気につき入院治療していたがよくならないので八王子へ帰る。
5日	滝島弥市⑧	癇性	去る12月下旬より癇性が強く治療していたが増長して片時も目が離せないため帰国。

4月7日	加島斧三郎⑧	熱症	出張できないため御小屋へ居残り。
5月10日	越石敬之助⑧	病気	出張できず。
18日	越石敬之助⑧、伊藤虎吉⑧、佐久間直三郎⑧、天野小十郎⑧	病気	巡邏罷り出ず。
20日	越石敬之助⑧、伊藤虎吉⑧、佐久間直三郎⑧、天野小十郎⑧	病気	罷り出ず。

【表2】第八小隊　土方健之助「土方日記」（慶応元年4月～慶応2年10月28日）

日記の日付	氏名（第一小隊の場合は①と表記、以下⑧まで同じ）	状　態	備　　考
慶応元年6月22日			滞留中は病人が出たら尼ヶ崎壱町目清之介持家借家を当分病院とするので、病気でかかりたい場合は竹内渭川院へ申出ることという達しが出た。
7月8日	石田藤太郎（太鼓方）	入院	
9日	吉澤由五郎⑦	入院	
18日	大森助八⑥	入院	
8月6日	牛尾五郎右衛門⑧ 秋山重太郎⑧	病気	土方健之助が尼ケ崎町病院へ差し送る。
8日	中村幸三郎①	帰国	

11日	久保藤五郎⑤	入院	
9月5日			運動のため遠足しても構わないという達しが出た。
24日	小池紀一郎⑧	死去	
慶応2年2月29日	秋間圭三郎⑧	帰国	去年の12月16日から治療していたがよくなる気配がないので容体書を出して帰国するよう医師より申告。
3月26日			病兵の人数を調べて差し出すように。
5月15日	菊谷弁之助⑦、奥住兵次郎⑥ 木村縫次郎⑧、飯室源次⑧ 織田金八①、飯室源吾⑦ 村木島次郎④、天野忠兵衛⑤		病気で大坂居残り組の内、全快した上記の者が広島に到着した。
15日	丸山惣兵衛⑧、伊藤寅吉⑧、 佐久間直三郎⑧	病気	調練の御見置に出られず。
29日	伊藤寅吉⑧	病気	広島に居残り。
8月26日	青木壮十郎④	死去	
9月23日	伊藤寅吉⑧、宮岡弥格⑧、 加島斧三郎⑧		広島から到着。
27日	山下由五(太か)郎①	死去	外川法龍寺へ葬る。
10月4日	宮岡弥格⑧、加島斧三郎⑧	全快	酒を差し出す。
9日	押田玄俊(千人同心附医師)		第八小隊とともに住力丸に伊予から大坂へ向けて乗る。

25日	押田玄俊（千人同心附医師）		同心たちに帰国命令が出たが、千人隊附属医師押田の身分について伺い、伊豆守より指示があり高島祐啓へ引き渡す。

まず、病気の際の対処の仕方について、幕府がどのように考えていたかについてみてみる。

以下は慶応元年七月、第一小隊の小野造酒之助が出した郷里への書状の一部である。「諸向病人多ニ付此節格別之思召を以、町方之内手広之家宅御借家病院被仰付、御殿医者不及申、町医者夫々出張被仰付、御供方之内病人者願次第医療者不及申、介抱を手厚被仰付候御儀御座候」(5)。

御供の者が病気になった場合、願次第、医療はもちろん手厚い介抱をするように仰せつけられているとあることから、基本的に幕府は病人に手厚い看護を施す意向であったことがわかる。「小嶋日記」には以下の記述がある。「御滞坂中諸向病人等之ため尼ヶ崎町壱丁目清之介持借家当分病院被　仰付候間、病気之者薬用願度向者竹内渭川院江御申談可有之候、此段御達候、以上」〔小嶋日記・慶応元年六月二二日〕。

病人のために尼ヶ崎壱丁目の清之介借家が病院として当てられ、病気の者や薬の欲しい者は竹内渭川院へ申し出るように、ということである。竹内渭川院は竹内玄洞のことで、長崎でシーボルトに学んだ蘭方医である。丸岡藩医から幕府医師となり医学所頭取にもなっている(6)。「小嶋日記」には慶応元年五月四日に出された触れの一部が記されている。「一、陣中ニ於て伝染病相煩候者有之節、小屋内ニ差置申間敷、早速其旨其筋へ相断、薬用手当可申付事」〔小嶋日記・慶応元年五月四日「御軍令」〕。

伝染病の者は小屋内に置かず、すぐに申し出て薬で治療すること、とある。また同年七月八日条には以下の記述もみられる。

【史料1】〔小嶋日記・慶応元年七月八日〕

一、当節病人多ニ付、病院江相掛り度者名前申立候様、御頭より被仰聞候間、今日早々御取調姓名御申立可成候、可成丈少病之内かゝり候方可然存候、聊ニ而も不快之者は御差出可被成候、大病之者ハ看病人差添候事ニ存候、否哉御申聞可被成候、以上

七月八日　　　　俗事掛り

大意は、病院にかかりたい者の名前を調べて名簿を作ること、病気が軽いうちにかかった方が治りやすいので少しでも不快な者はかかること、重病人は看病人を付けること、などである。これらの史料からは、病に対して幕府が細心の注意を払っている様子が窺える。病気が蔓延すると戦力が衰えることは目に見えている。これら手厚い配慮は、戦力の維持という観点から企図されたといってよいだろう。

次に実際の治療態勢についてみてみよう。千人同心たちを診療する病院は、どのような場所にあり、どのような医師が診療していたのか。前述の「丸山日記」には滞坂中の病院として、尼ヶ崎町壱町目清之介持借家を使用していると書かれていた。同年七月九日条では病院医師として、日野主祝(税)・緒方拙斎・松本俊平・高安丹山の四名の名前が挙がっている〔小嶋日記・慶応元年七月九日〕。彼ら四名は名前が記されているだけであるが、万延元年(一八六〇)に緒方洪庵が書いた「除痘館記録」にその名前を見出すことができる。(7) 要するに彼らは四名とも除痘館の医師であった。除痘館は緒方洪庵が嘉永二年(一八四九)、大坂の古手町に設立した種痘を行う施設である。そこが手狭となったため万延元年、新たな土地に移した。(8) 以下洪庵の「除痘館記録」を引用する。(9)

【史料2】

旧館手狭にて多人集合の節は雑沓甚だしきか故に、社中申合せ今度尼崎一町目に一地面を買求め本館を茲に移せ

り。町法有之を以て高池清之介を名前人に頼み、同家手代脇屋文介を家守とす。

「尼崎一町目」と「町法有之を以て高池清之介を名前人に頼み」という部分に注目したい。「小嶋日記」から、千人同心の大坂における病院は尼崎一町目にある清之介持借家であり、彼らの医者は日野・緒方・松本・高安の四名であったことは前述した。つまり同心たちの病院は洪庵の除痘館であったことが判明する。日記では町民の借家が同心たちの病院として当てられたことになっているが、実際は、それなりの設備も整っていたであろう緒方洪庵設立の除痘館が使用されていたのである。除痘館は洪庵の適塾から道を挟んで南側にあった。除痘館の医師はどういった経緯で同心たちの医師に選ばれたのか。除痘館を設立した緒方洪庵は文久二年（一八六二）、江戸の医学所頭取に抜擢され大坂を離れた後、翌文久三年六月に亡くなっている[10]。第二次長州征討の時点では松本良順が医学所頭取となっていた。とはいえ、医学所と洪庵のつながりで除痘館が千人同心の病院として選択されたであろうことは、想像に難くない。

その他、日記中に登場する医師名を拾ってみると、慶応元年七月三日に死亡した近藤安太郎の容体書は、高松藩中医師間瀬道甫が書いており、自分が診察したとも記している〔丸山日記・慶応元年七月四日〕。容体書とは発症からの経緯が書かれたいわゆる診断書である。間瀬道甫については、経歴その他、管見では判明しなかった。慶応元年八月六日、第一小隊の塩野幸七郎が中村幸三郎に切られた際は、久保寺町の町医鈴木一東が呼ばれている〔丸山日記・慶応元年二月一〇日〕。慶応元年九月二四日、第八小隊の小池紀一郎が切られて亡くなった際も鈴木一東が呼ばれており〔丸山日記・慶応元年九月二九日〕、町医の鈴木が外科専門として治療に当たっていたことが推察される。

一方、幕府歩兵隊の病院は『医学所御用留』に五か所、その名がみえる。本町八丁目の源光寺[11]、小橋傍町の興徳寺、隣の大應寺[12]、上本町八丁目の全慶寺、その隣の宝樹寺[13]である。これら五寺は全て大坂城の南、講武所のある玉造の東に位置している。千人同心たちの日記を見る限り、彼らがこれらの病院にかかった形跡はない。幕府歩兵隊と同心たちと病院は分けられていたと考えられる。

歩兵隊の医師たちはどのような構成であったのか。深瀬によると文久三年、江戸に設置された西丸下・大手前・小川町・三番町の計四か所の歩兵屯所に病兵の治療に当たる医師を常駐させ、歩兵が出動する際は医師も随行することになっていた(14)。歩兵屯所附の医師の数は文久三年には三六名であったのが、慶応三年には総計一〇一名となっている(15)。その中には手伝医師という主に屯所附属医師の門人である医師が二六名確認される(16)。『医学所御用留』には、第二次長州征討に随行した医師として、取締役手塚良斎・高島祐啓の二名と、大熊良達・桐原鳳卿・千村礼庵・安井玄達・山本長安・曲直瀬正迪・杉田杏斎・呉黄石・奥山玄省の九名、計一一名の名がみえる(17)。

前述したように、大坂滞陣中は主として除痘館の医師や高松藩中医師間瀬道甫が千人同心の医療を担当していたが、広島に向けて出陣する段になって、千人同心には幕府歩兵隊から医師があてがわれた。

小野造酒之助の日記の慶応二年四月八日条に、以下の記述がある。

【史料3】〔小野日記・慶応二年四月八日〕

八日朝大坂ニ而頭ゟ達

歩兵屯(カ)付医師取締

高嶋祐啓門人　医師　押田玄俊

右千人隊附属被仰付候間、治療請度物(者)可申出候、

また四月九日条には「附属医師療治之儀歩行出来候分ハ医師旅宿江可罷出候、重病ニ而歩行難出来分ハ其病兵旅宿江罷越候積りニ有之」〔小野日記・慶応二年四月九日〕とあり、慶応二年四月八日、幕府歩兵隊の手伝い医師押田玄俊が千人隊附属医師を仰せつけられ、押田に治療を乞う者は、歩ける場合は押田の旅宿へ出向くように、歩けない場合

は往診すると達せられたことがわかる。一方、幕府歩兵隊の広島における病院は、般船寺・徳永寺・善生寺・永照寺・興徳寺・常林寺の六か寺が当てられ、(18)ここでも大坂同様、同心たちとは分けられている。

この千人同心に付けられた医師押田玄俊については、慶応二年一〇月、戦闘も終わり大坂へ引き上げた際に、千人頭の原嘉藤次と窪田喜八郎が以下のように幕府に伺いをたてている。(19)

【史料4】

千人隊附属医師、身分進退之儀奉伺候書付

千人隊附属医師　押田元俊《(玄カ)》

右元俊《(玄カ)》儀千人隊芸地御用被　仰付出張之節、右御用中附属出張仕候処、此度千人隊八王子表へ罷帰候様被仰渡候ニ付而ハ、同人身分進退之儀奉伺候、以上

十月廿六日　　窪《(窪田)》

原

伊賀守殿御付札

大坂表歩兵附医師取締高嶋祐啓へ可被引渡候事、

結果、伊賀守より歩兵隊医師で押田玄俊の師であった高嶋祐啓へ引き渡すようにという指示が出ているが、当時の指揮系統の混乱した状況が伝わってくる。

第二節　病の発生状況と治療

次に、どのような疾病が同心たちにふりかかり、その治療はどのように行われたかを、実例から考察する。まず、第一小隊の小野造酒之助が慶応元年（一八六五）七月に郷里に書き送った書状の一節をみてみよう。「此地者土用入之頃迄雨天勝夫ゟ暑中今ニ照リ続、稀成大暑ニ而、私共御小屋旅宿実ニ日中難凌様御座候」[20]。同心たちが大坂に滞陣した夏は例年にない酷暑であり、住居として与えられた小屋は耐え難いほど暑かったことがわかる。そういった気候や慣れない土地での集団生活によるストレスの影響か、同心たちの日記には、伝染病の流行や精神的な病が散見される。小野造酒之助は書状で「此節病人多ニ而困入申候」と続けている。小野造酒之助の日記によると大坂へ向かう道中で一名、到着後四か月の間に一一名の病死者が出ている〔小野日記・慶応元年七月二七日〕。

この他、異郷での慣れない生活によるストレスがもとであったのか、精神的病と思われる事例も数件みられる。第一小隊の中村幸三郎は癇性がひどくなり、ついには発狂して他隊の隊員に切りつけ、軽症を負わせている。この時の様子は同隊右嚮導である小野造酒之助の日記に詳しいので、少々長いが以下に引用する[21]。

【史料5】

中村幸三郎儀去月下旬ゟ不快罷在、昨五日夜ゟ狂気之体ニ付、同役ニ而心付同夜ニはんゟも両人心付之ため参り居見張いたし候ニ付、別儀無之候処、今六日御頭ゟも幸三郎江段（暇カ）御せっとく有之二番ニ而同役左門太同組之者も多く居候間、二番江当分之内参り居り治療いたし候様被仰聞候ニ付、同役一同ゟも種々申聞（ま脱カ）二番江遣し置候処、夕七ツ半時頃幸三郎壱番同役之座敷江参り、何となく少々之間はなしいたしさいならのち程と申いとこひいたし立ゟ早く刀引抜、塩野幸七郎せなかへきり掛長壱尺弐寸程深サ弐寸余之疵付候、早速幸三郎ハ取押申候、折節講武所頭取佐久間真輔殿頭屯江御出ニ而右之こんさつ御聞込相成、頭ゟ幸七郎疵所相改早々申聞候様御尋ニ付、坂本源吾輔拙者疵所相改、其段御頭江申上佐久間殿ニも御頭ゟ幸三郎義縄掛、不取逃様幸七郎儀医療手当いたし候様、御両人ゟ被仰聞候、早速夫々手配いたし小野田條庵旅宿松本良順弟子久遠寺町医師両人参り候処、小野田方医師者こんさつ之中先後行違之義を事ケ間敷、久遠寺医師江申掛、直立帰申候ニ付、久遠寺いしゃ引留療治為致申候、三十針余縫疵尤二番地所江幸七郎駆込其場所ニ而療治八日朝壱番江引取、幸三郎義ハ西明小屋ニ而二番其外ニ而番いたし申候、

要約すると、以下のようである。七月下旬から体調不良であった左嚮導の中村幸三郎が八月五日から狂気を帯びたため、第一小隊・第二小隊で見張り、御頭からも暇乞いをしてはどうか、また故郷で同じ組であった二宮左門太はじめ知己が多い第二小隊にて治療してはどうかとの提案あり、そのようにしていたところ、夕方になり突然第一小隊の座敷に来て中司令士塩野幸七郎に切りかかった。小野田條庵の旅宿にいる松本良順の弟子である医者と久遠町の町医者が呼ばれたが、松本良順の弟子は行き違いを言い立ててすぐさま帰り、町医者の方が治療、三〇針縫ったと言う。

この久遠寺の町医というのは、「丸山日記」では久保寺町の町医鈴木一東となっているので、久保寺町の誤りであろう〔丸山日記・慶応元年八月一〇日〕。中村幸三郎の年齢は不明であるが、五月一一日に江戸を出立してから事件のあった八月六日まで、閏月もあり四か月弱、慣れない異郷での生活が続いていた。左嚮導という役職にも就いており、精神的なストレスがたまっていたとしても不思議ではない。切られた塩野幸七郎は、発狂した中村幸三郎について病気のためであり遺恨はないとのことで決着が付き、八月七日に第二小隊の二宮左門太と内海小太郎が付き添い帰国している。

第七小隊の滝島弥市は、慶応元年一二月下旬より痼性がひどく治療を受けていたが、一時行方知れずになり目の離せない状況となった。慶応二年三月五日、やむを得ず帰国している〔以上、丸山日記・慶応二年三月五日〕。また第八小隊の右嚮導小池紀一郎は、慶応元年九月二四日、何者かに背後から襲われ切り傷を負い、久保寺町の町医鈴木一東の治療を受けるも死亡している。加害者はしばらく不明であったが、翌二年三月、被疑者として同じ第八小隊の小司令士前島真太郎と第六小隊左嚮導伊奈金四郎が揚屋入りとなった〔以上、丸山日記・慶応二年三月九日〕。殺害の動機は争論による遺恨となっている。

江戸から大坂へ向けて御進発御供を開始した頃は、意気揚々として心身ともに健康であった同心たちは、大坂へ向かう道中で観光まがいの見物もして御供を楽しんでいるかにみえた。しかし月日がたつとともに、見知らぬ土地での慣れない生活や、厳しい規則、激務が積み重なりストレスとなり、精神的にも追い込まれていったと推察する。

第一節で言及したように、病になり、病院にかかりたい場合は隊に申し出て、通院や入院で治療を受ける態勢が取られており、病者の名簿を出すようにということも各隊へ指示されている。病院へ行く際は介護人が付き添い、入院した者に対しても兵粮米が出された。時間がたっても全快しない者に関しては、八王子への帰国が検討された〔小嶋日記・慶応元年八月一一日〕。慶応二年三月五日付の小嶋隆蔵の日記に、以下の記述がみえる。

【史料6】〔小嶋日記・慶応二年三月五日〕

奉願候覚

今般私共儀

御進発為御供在坂罷在候処、昨年中ゟ病気ニ付病院治療奉願、入院仕療治請候得共、兎角内篇ニ而急々全快も難仕旨、病院医師申聞候間、差向御用難相勤奉存候ニ付、何卒八王子表江帰国之上彼地医師治療相請度、尤、全快

次第早々上坂仕度奉存候、依之此段奉願候、以上

寅三月

同心

大塚源次郎　印

金子幸三郎　印

吉澤由五郎　印

秋間圭三郎　印

滝嶋弥市　印

要約すると以下のようになる。大塚源次郎以下五名が昨年より病気のため入院治療を受けていたが、急に全快も見込めず医師に聞いたところ御用を勤めることも難しいとのこと。八王子に帰国した上で治療を受けたい。全快したらすぐさま大坂へ戻って来たい。全快したら戦線に戻るということが、帰国の際の暗黙の了解であったと考えられる。

死去した者についても病状書が出されており、そこからどのような治療がなされたかも垣間見ることができる。以下に「丸山日記」から慶応元年八月一七日に病死した秋山重太郎の病状書を紹介する。

【史料7】〔丸山日記・慶応元年八月一七日〕

秋山重太郎殿

病状書　　仮病院

穐山重太郎殿病状書

八月六日夕入院発病ヨリ脈浮沈ニシテ細数舌上苔厚譫語妄起兼ルニ便秘煩悶無止時諸ノ悪候ヲ発見ス、是則純神経熱也、且ツ沈虫ノ景況アルヲ以テ殺虫ノ剤及ヒ諸ノ薬剤ヲ与フルトモ諸症依然更ニ分利ノ徴候ヲ見ルナシ、乃翌七日発病ヨリ大便通利セサルヲ以テ緩和ノ薬汁ヲ以テキリステルヲ施ス事数廻及フトモ通利セス、諸症モ亦増

進シ煩悶無止時稀粥タモ啖スル能ハスシテ已ニ十日ニ至ル、其夜蛔虫六条ヲ嘔吐スルヲ以テ四肢ヲ清拭シ蒸発気ヲ催進セント施ス事数廻稀憐酸水ヲツメル水等ノ薬剤ヲ与入、翌十一日亦キリステルヲ施スニ発病ヨリ第六日ニシテ初テ大便快通ニ次且ツ便中蛔虫六条ヲ混エ因之患者少シク軽快ノ微ヲ顕ハストモ追次危険ノ症益々進ミ更ニ分利ノ候ナク譫語妄起煩悶無止時小便不禁全身脱汗危険ヲ加ル事一等薬汁タモ送下スル事能ハス、諸薬効験遂ニ十七日酉ノ刻死亡ニ帰ス、

八月十八日

仮病院(印)

病状書も前述した容体書と同じく、今で言うところの診断書である。要約すると以下のようである。八月六日に発病して脈が薄弱で舌が苔状に覆われ、意味不明の言葉を口走り便秘の症状もある。即ち、神経熱の症状である。さらに腹に虫がいる様子が見られ虫下しの薬を与えたが、良くなる気配はなし。翌日数回浣腸をするも通じなし。諸症状もさらに進み一〇日には蛔虫を六匹嘔吐した。四肢を清拭、憐酸水を与える。翌一一日、再び浣腸したところ、六日目にして初めて大便が出たが蛔虫も六匹見られた。患者は少しよくなったかに見えたがまた意味不明の言葉を口走り、苦しみだし、小便を垂れ流し、全身に汗をかいて薬を飲むことも出来なくなり一七日、遂に亡くなった。患者の容体や治療の様子が克明に記載されていることがわかる。

最後に死亡の際の扱いについてみてみよう。「丸山日記」によると慶応元年五月二二日、江戸を出立してから大坂へ向かう道中、丸山たちは掛川宿東光寺に立ち寄っている。第二次長州征討に先立つ文久三年(一八六三)、上坂御伴の際に同宿で亡くなった青木郡次郎の三回忌を郡次郎の息子とともに営み、菩提を弔うためであった(丸山日記・慶応元年五月二二日)。元々同じ集団に属していた千人同心たちにとって、仲間の死は重い意味を持っていたと考えられ

よう。

大坂滞陣中の同心の死はどのように扱われたのかを、第八小隊隊員近藤安太郎の事例からみてみよう。

安太郎は慶応元年七月三日、温疫で病死した。温疫とは非常に強い感染力を持つ伝染病のことである。翌四日、大覚寺より迎えの駕籠が遣わされた。自隊である八番隊から一二名、他の隊からは二名ずつ野辺の送りに出ている。他の隊員の場合でも、死亡者が出た場合の野辺の送りは、所属する隊以外からも二名ずつ出る決まりとなっている様子が日記から窺われる。大覚寺では湯棺して、僧の誦経、葬式、焼香が行われ、遺体は焼き場へ運ばれた。安太郎の持ち物の目録が書き上げられ、組頭によって改められた。大覚寺へのお布施、永代墓所掃除料、石塔の代金等も明細が書かれ、大覚寺の受取書も日記に写されている。五日には飛脚をもって八王子へ知らせ、六日にはお骨のことを大覚寺に頼んでいる。新盆にも詣でて回向料を支払っており、非常に懇ろに弔っている様子がみてとれる。[22] その後、御頭へ高松藩中医師間瀬道甫による以下のような容体書が差し出されている。

【史料8】〔丸山日記・慶応元年七月四日〕

容体書

一、近藤安太郎殿儀六月廿九日ゟ私診察仕候処、温疫之病ニ而先外陽散火湯相用置候処、其後発急病俄ニ共御絶命被成乍恐此段御届申上候、以上

慶応丑年七月三日

高松藩中医師　間瀬道甫　印

内容を要約すると、「六月二九日から診察したが温疫の病にて外陽散火湯を用いたものの俄に絶命した」ということである。日記の記述は安太郎の場合の方が詳しいが、安太郎死去の際、大覚寺の僧と面会し先に亡くなった小峯小

太郎と同じ扱いということで了解している記述がある〔丸山日記・慶応元年七月四日〕。前述した第八小隊秋山重太郎の場合も同じく一小隊から二名ずつ、秋山が所属していた第八小隊からは一五名程の野辺の送りが出されており、死去後は安太郎と同様の扱いとされているので、隊員死去の際は毎回ほぼ同様の形式だったと考えてよいのではないか。重太郎が二五歳で跡継ぎもいなかったことから、叔父の助けを借りて養子をとる相談もなされている。重太郎死去の知らせは飛脚で国許の八王子へ連絡すべきところ、御長柄方の山本弥左衛門家来が出府するので知らせてもらうこととなった(23)。実際の戦闘は開始していない滞陣中ということもあり、どの隊員の場合でも非常に丁寧な弔いの形が見られる。

おわりに

ここまで千人同心たちの日記をもとに、第二次長州征討時の医療態勢と治療の実際をみてきた。その結果、長州征討という戦において、幕府が準備した医療環境は体制が整えられ、システマティックに機能していたといえる。以下、例を挙げる。

・日本初の軍病院と言える仮病院が設置され幕府歩兵隊には寺を、千人同心たちには除痘館を病院としてあて、治療を希望する者は申し出てそれぞれ通院、入院で治療を行った。幕府歩兵隊には医学館の医師が、同心たちには除痘館の医師が当てられた。外科専門の町医も存在し、治療にあたった。

・広島出陣後は同心たちにも幕府の手伝い医師、押田玄俊が専属として付けられた。

・全快が見込めない者は帰国、随行が難しい者はその場所で残留し、回復後に合流し、戦力の維持に努めた。八王子に戻った者も全快したら復帰するという条件の下の帰国であった。

・やむなく帰国の場合や、死亡の場合、発症からの経緯を記したいわゆる診断書である容体書や病状書が書かれ提出された。

・死亡の際の扱いも病状書の提出、弔いなど、毎回規定の形が決まっており、それにのっとり丁寧に行われた。

滞陣中、運動のため遠足を許可され[24]、秋暑のため部屋の通気を促したり、冷気のため布団を増やす[25]など、幕府が治療のみならず、病気の予防に関しても気を配り、同心たちの健康保持、つまりは戦力維持に努めていたこともわかった。システマティックに準備された医療は、第二次長州征討を引き起こした幕府が合理的に機能していたことを裏付ける一つの証左である。ただ繰り返すが、滞陣期間が約一年と長く、ほとんどの治療が内科的疾病に対してであったことが幸いした結果であると思われる。後の戊辰戦争時においてさえも銃創による外傷の治療はイギリス人医師ウィリスの指揮下で行われ、日本人医師の手には負えなかった。当時の医師たちは刀傷の手当はともかく、銃弾による外傷の治療は未経験だったのである[26]。

長州征討でそのような事態が起きても、手当てできる医師がいたとは思われない。実際の銃創の治療は、後の戊辰戦争におけるウィリスの指導を待つことになる。幕府の準備した医療は内科的治療には対応可能だったが、長い戦闘が勃発していたら通用しなかったきわどいものであったと言わざるを得ない。しかし、そこを取り上げて、戦闘による外傷に対応できる医療態勢が組まれていなかったと批判できるであろうか。それは当時の日本の医療状況がそこまで成熟していなかったと理解するほかない。幕府がその時点で可能な限りの医療を準備して戦に臨んだことは、率直に評価すべきであろう。

註

（1）吉良枝郎「明治維新の際、日本の医療体制に何がおこったか―西洋医学選択の道のり―」（『日本東洋醫学雑誌』五七―六、二〇〇六）七五八～七六〇頁。
（2）新村拓『日本医療史』（吉川弘文館、二〇〇六）一九八頁。
（3）『八王子千人同心史』通史編（八王子市教育委員会、一九九二）六〇〇～六〇二頁。
（4）深瀬泰旦「手塚良斎『医学所御用留』（一）～（一〇）」（『日本医史学雑誌』四四―一～五二―三、一九九八～二〇〇六）。また論文としては深瀬泰旦「歩兵屯所の医師たち―『医学所御用留』から―」（『日本医史学雑誌』三一―三、一九八五）
（5）『八王子千人同心史』資料編Ⅱ、二四五頁。
（6）日蘭学会編『洋学史事典』（雄松堂出版、一九八四）四三四～四三五頁。
（7）緒方富雄『緒方洪庵傳』（岩波書店、一九四二）六一～六二頁。
（8）『緒方洪庵傳』五九～六一頁。
（9）『緒方洪庵傳』六一頁。
（10）『緒方洪庵傳』一七頁。
（11）深瀬泰旦「手塚良斎『医学所御用留』（三）」（『日本医史学雑誌』四四―四、一九九八）一一三頁。
（12）深瀬泰旦「手塚良斎『医学所御用留』（四）」（『日本医史学雑誌』四五―三、一九九九）四一六頁。
（13）同右、四一八頁。
（14）深瀬註（4）「歩兵屯所の医師たち―『医学所御用留』から―」七七頁。

(15) 同右、七八頁。
(16) 同右、八一頁、表3。
(17) 同右、八一頁。
(18) 深瀬註(14)、三八二頁。
(19) 『八王子千人同心関係史料集』第八集（八王子市教育委員会、二〇〇一）五七頁。
(20) 『八王子千人同心史』資料編Ⅱ、二四三頁。
(21) 『八王子千人同心史』資料編Ⅱ、六六～七〇頁。
(22) 安太郎の死去については「丸山日記」上・九二～九九頁を参照。
(23) ここまで重太郎の死去に関することは「丸山日記」上・一三七～四〇頁をまとめた。
(24)(25) 『八王子千人同心史』資料編Ⅱ、八八頁。
(26) 吉良註(1)七五八頁。

大坂から広島までの八王子千人同心の動向

井上　翼

はじめに

本稿は、幕長戦争に従軍した八王子千人同心砲術方の、大坂出立後から広島到着後にかけての動向について論じるものである。

これまでの幕長戦争期の八王子千人同心を取り上げた研究では、大坂においては苛酷かつ危険な状況下での任務（市中警備）遂行が課されていたこと、[1]派遣された小倉においては老中小笠原長行の警備にあたり、実戦においては傍観的立場をとったことで、その態度が諸藩撤退のきっかけとなったこと、[2]幕長戦争を通じて不衛生な状況下での従軍により多数の脱落者（病死）を生んだことなどが指摘されている。[3]しかし、大坂から広島への行軍過程や広島到着後の千人同心の動向については、行軍中に第二奇兵隊による倉敷代官所・浅尾陣屋襲撃事件に遭遇し、窪田半大隊が倉敷警衛にあたったこと、広島では巡邏や勤番を勤めていたことが記述されているのみで、それらの事件や任務に、どのように千人同心が対応していたのかについて詳しく論じられていない。[4]

そこで、本稿では、幕長戦争に従軍した八王子千人同心の日記をもとに、大坂から広島までの千人同心の動向を追うことで、行軍の過程や、広島滞在中に出来した事件や任務に八王子千人同心がどのように対応し、課せられた役割を果たしていたのかを明らかにしたい。なお、倉敷代官所・浅尾陣屋襲撃事件とは、慶応二年（一八六六）四月五日、上官殺害を機に暴発した立石孫一郎率いる長州藩第二奇兵隊が、藩領を脱し、同一〇日に倉敷代官所を、ついで一二日には浅尾陣屋を襲撃・放火した事件であるが、ここでは事件の詳細は略す。なお、引用した日記の年次は、すべて慶応二年である。

第一節　行軍中の千人同心

長州再征に従軍した千人同心砲術方は、原嘉藤次・窪田喜八郎二名の千人頭のもと、組頭三九名と平同心二六一名から成り、八個小隊に編成されていた。(5)

千人同心は、慶応二年（一八六六）四月七日に大坂城において将軍「謁見」が済んだ後、西国街道を南下、翌八日に大坂を出立し、西之宮まで到着している。九日には兵庫、一〇日には明石、一一日には姫路、一二日には有年《うね》（現兵庫県赤穂市）まで進軍している。

しかし、有年を出立して片上宿《かたかみ》（現岡山県備前市）に到着した一三日、長州藩第二奇兵隊による倉敷代官所・浅尾陣屋襲撃の第一報が千人同心のもとへもたらされる。

【史料1】〔小嶋日記・四月一三日〕

同日着早々、板倉宿問屋代利右衛門、矢掛宿同代寅吉罷出申立候趣は、当九日夜、備中速嶋（早）ゟ浪士百五拾弐人上り、十日暁、倉敷御陣屋焼払、夫ゟ同所観龍寺ニ留り、十日夕、飯山宝福寺へ移り、今十三日暁浅尾陣屋焼払候

始末、□(概)要申立、右ニ付、領分知行所之分、居城陣屋等へ呼上ケニ相成、人馬差支之段申聞候、猶又板倉宿ゟ追々近寄人数充満いたし、弥以御通行人足差支之段申立候、右始末承届置候、

これによれば、小嶋ら千人同心は、片上宿に到着して早々、同宿にやって来た板倉宿問屋代の利右衛門と矢掛宿の問屋代寅吉から、倉敷代官所・浅尾陣屋襲撃事件の「始末」、および騒動に伴う人馬確保と通行の差し支えを知らされている。さらに、一四日条の後に「十三日之分」として加筆された利右衛門・寅吉からの「注進之趣」や、板倉宿目代新右衛門・同問屋忠兵衛が利右衛門へ宛てた書状の写しによれば、浪士の進軍に倉敷周辺農村の百姓が人夫として駆り出され、加茂郡の百姓に至っては、支配所に対して「村方ニ而は男子壱人も無御座」旨を申し立てるなど、継立人馬の提供が不可能な状況にあり、板倉宿は宿場としての機能が一時的に麻痺していることがわかる。

これを受け、翌一四日、千人隊は、目付からの指示がないうちは出立を見合わせることとなり、片上宿に逗留することになる。しかし、同日中に目付松平鎌蔵から、「備中倉敷御代官所江賊徒及乱妨、兵ニ屯集罷在候趣相聞候間、芸地ニ相差向候千人銃隊追討被仰付候間、可被得其意候、委細之義者松平鎌蔵出張差図可致候筈ニ候事」との「御達」がもたらされたため、直ちに出立することとなり、岡山宿まで進んでいる〔小嶋日記・四月一四日〕。

1　丸山日記から

同宿において八番小隊の組頭丸山惣兵衛は、役人からの話として、岡山藩も浪士追討のために家老池田隼人・中老池田靫負率いる総勢千名の藩兵を派遣し、備中国国分寺と中国一ノ宮にそれぞれ出張中であることを知らされている〔丸山日記・四月一四日〕。また、岡山城下口々では浪士侵入への警戒のため藩兵による警備が強化されており、昼夜見回りも行われ、一四日には五名の「落賊徒之者」が捕縛されたとの情報にも接している〔丸山日記・四月一四日〕。

翌一五日、千人隊は終日岡山宿に逗留することとなる。「丸山日記」の一五日条には、岡山藩に対して浪士鎮圧を命じる老中小笠原長行の達書と、長州藩士赤河又太郎より同藩内から第二奇兵隊が脱走したとの報告を受けたという旨の広島からの知らせ、浪士追討のため幕府軍から大砲隊・歩兵隊およそ千名が派遣されたこと、備中玉島においてその幕府軍と浪士との間で戦闘が行われ、浪士を退けたという旨の書付がそれぞれ写されており、ここに至り浪士追討に関する様々な情報に接していることがわかる〔丸山日記・四月一五日〕。

また、同日夜には、目付松平鎌蔵と徒目付衆による浅尾・倉敷周辺の巡見に追従するよう指示を受け、千人頭原嘉藤次率いる一・二・三・八小隊がこれにあたることとなった〔丸山日記・四月一五日〕。この巡見に際しては、野営や残党との接触の可能性もあるとして、腰兵糧の用意を命ぜられており、戦闘行為を想定していることがわかる。また、窪田喜八郎と残りの四・五・六・七小隊は岡山宿居残りとなり、注進があり次第出立することとなった〔丸山日記・四月一五日〕。なお、巡見が済み次第、出張四小隊は、岡山方面に引き返し、居残りの四個小隊に合流する予定となっている。

【史料2】〔丸山日記・四月一六日〕

一、十六日天気、朝六ツ時相揃候処、岡山殿ゟ巡見ニ付道案内之家来被差出候ニ付、夫是手間取、同日五ツ時頃同所出張ニ相成、（中略）岡山より壱里半余も行、矢坂ニ而小休、原嘉籐次殿ゟ惣兵衛罷出候旨御達ニ付罷出候処、御目付松平謙吉（鎌蔵）殿御同列ニ而原殿被申聞候ハ、只今御小人目付申出候者、乱妨賊徒とも追々逃散、委ク鎮静探索致候旨ニ付、岡山江残置候半大隊出立致し候様、彼地江引返し、窪田喜八郎江も申聞候上、一同江も右之段相達し可申旨、御目付衆御談判之上被仰聞候ニ付、惣兵衛義者岡山江引返し、窪田殿江右之段申上候上、残隊江者窪田殿より御達し有之、右ニ付残隊出立、同日九ツ半時前出張之者、残置荷物宰領者最寄止宿ニ而取斗候積ニ付、

八番隊荷物者七番隊ニ而宰領致候事、同所問屋江人足印鑑相渡ス、並旅宿江食札印鑑相渡出立、（後略）

この記述によれば、一六日には昨夜の指示通り、松平鎌蔵・徒目付・原の率いる一・二・三・八小隊は、岡山藩士の道案内を受けて同宿を出立し、浅尾・倉敷巡見へ向かっている。岡山を出立した一行は矢坂において休息をとるが、ここで原は、周囲を探索していた小人目付から、「乱妨賊徒とも追々逃散」し、道中「委ク鎮静」しているという報告を受けたため、八番隊組頭の丸山惣兵衛に対して、岡山宿まで引き返し、同地で待機している窪田ら居残り隊に出立するように報告するよう命じている。指示通り岡山宿に引き返した丸山は、右の旨を窪田に報告し、居残り隊とともに岡山宿を出立している。なお、この日、窪田隊は川辺宿泊り、巡見に向かった原隊は倉敷泊りとなっている。

翌一七日、川辺宿の窪田は、歩兵三小隊の付き添いとして玉島から来、同宿に止宿していた目付菅沼八郎右衛門と面会し、同人から倉敷陣屋の警衛を打診された〔丸山日記・四月一七日〕。これに対し、窪田は、従来の松平鎌蔵からの指示と異なるため、倉敷まで赴き、菅沼からの依頼について同地の松平鎌蔵と相談することに決し、川辺宿を出立した。しかし、巡見を済ませた松平鎌蔵と原隊はすでに倉敷を出立しており、同日中に川辺宿に戻り、窪田隊と合流している。

【史料3】〔丸山日記・四月一七日〕

窪田殿倉敷江御出張被成候処、御代官桜井久之助殿も広島表ゟ着ニ而御面談被成候処、久之助申聞られ候者、御目付曾我権右衛門殿よりも、兼而千人隊当陣屋御警衛之義御談も有之候間、是非共御承知被下度旨、同人よりも頼ニ有之候由、

これによれば、倉敷に赴くも松平鎌蔵と入れ違いとなった窪田は、同地で広島から戻った代官桜井久之助と面会し、陣屋警衛についての相談を行っていることがわかる。この相談の中で、桜井は窪田に対し、目付曾我権右衛門からも

兼ねてから千人隊による倉敷陣屋警衛の相談があったため、是非今回は警衛を引き受けてくれるよう依頼し、曾我権右衛門からも窪田へ以下のような書状が送られた。

【史料4】〔丸山日記・四月一七日〕

以書状致啓上候、然者今朝御談戸田肥後守江も得与相談致し、原嘉藤次殿呼戻し不申候積り取極メ候間、都而今朝御談申候通り御心得御一左右致し候迄者、備中倉敷ニ御滞在可被成候、此段得御意度如此御座候、

四月十七日　　曾我権右衛門

窪田喜八郎殿

（傍線、引用者）

このような倉敷陣屋警衛を依頼する曾我の書状を持参して川辺宿に戻った窪田は、同宿で原嘉藤次らと協議した結果、原以下一・二・三・八の四個小隊は先発として広島へ向かうこととなり、窪田以下四・五・六・七の四個小隊は陣屋警衛として倉敷へ向かい、四、五日間、同地に逗留した後に広島へ向かうこととなる〔丸山日記・四月一七日〕。以下、先発として広島へ向かう原隊の動向と、陣屋警衛として倉敷へ向かう窪田隊の動向を分けて見ていく。

原率いる四個小隊は、一八日に川辺宿を出立して七日市宿まで、翌一九日には福山藩領に入り尾道宿まで進軍し、翌二〇日には沼田本郷に到着した〔丸山日記・四月一八・一九・二〇日〕。

二一日には、沼田本郷を出立し、西條宿に到着している。この日、原は、各隊の組頭を一名ずつ呼び出し、明二二日の広島到着に際して旅宿の差し支えがあっては不都合なので、各隊から代表者を一名ずつ選出して先に広島へ派遣し、同地の陸軍方組頭取調役の面々と面会して「諸事取斗」うことを命じている。これを受けて、同夜のうちに各隊の代表四名（一小隊は坂本源吾輔、二小隊は青柳愛太郎、三小隊は坂本三助、八小隊は丸山惣兵衛）が次の海田市まで向かい、ここで一泊している〔丸山日記・四月二一日〕。

翌二二日、代表者四名は広島に到着し、鉄砲矢町滞在の陸軍方組頭山本金四郎、取調役原健吉、広島城下で「宿割掛リ」を担っていた「甚四郎」と面会した結果、先発隊の宿割りが完了した〔丸山日記・四月二二日〕。その後、原率いる本隊も海田市を経て広島に到着し、先発四個小隊が、陣屋警衛四個小隊に先駆けて広島着陣を果たしている。

以上のような行軍過程を見ると、各宿での人馬の差し支えなども見られず、大きな問題も発生していないことから、川辺宿出立以降、原率いる先発四個小隊は円滑に行軍出来ており、襲撃事件による影響はほとんど受けていなかったと考えられる。

では、次に窪田一行の動静を見ていく。

2　小嶋日記から

一八日に川辺宿を出立した窪田一行は、同日中に倉敷村に到着し、本町の誓願寺を旅宿とした〔小嶋日記・四月一八日〕。ここで、倉敷の代官桜井久之助より賄いを受けて過ごすこととなる。翌一九日から二一日まで、小嶋の日記には「無記事」とあるのみで、逗留中の出来事については不明であるが、取り立てて大きな事件は起きなかったようである〔小嶋日記・四月一九・二〇・二一日〕。ただし、二二日条には、「長州脱走賊徒倉鋪陣屋放火聞書」として、今回の陣屋襲撃事件のより詳細な概要を書き留めていることから、情報の収集は行っていたようである〔小嶋日記・四月二二日〕。

倉敷に逗留して五日目にあたる二二日、窪田一行は、「場所御手薄ニ付」、手当として出張してきた岡山藩兵に場所を引き渡して倉敷を出立することとなり、陣屋警衛の任を終えている〔小嶋日記・四月二二日〕。この日は矢掛宿まで到着した。この矢掛宿における出来事として、小嶋の日記には、以下のような記述がある。

【史料5】〔小嶋日記・四月二二日〕

一、夜九ツ時、当宿南裏手川向山ニ而放発致し候ニ付、宿方ゟ種々ニ申出、眠覚気ヲ付居候処、尚又四五発放発、右ニ付直ニ支度いたし一同纏居、尤右之趣直ニ御頭え申上候、其内宿役人共遠見去帰り承り候処、只今浪人之もの三四人裏手山へ参り候処、同宿之百姓見張居、伊東播磨守殿ゟ陣屋ゟ人数繰出しニ相成候ニ付、無功ニして退散いたし候趣申聞候ニ付、一同休足、

これによれば、旅宿としていた小西屋元助方の裏手に位置する川向山において数度の発砲音がしたため、隊士らは急遽出張の支度に取り掛かる事態が起こっている。その後、遠見から戻った宿役人の話により、この発砲音は裏手山に侵入した数人の浪人と、その知らせを受けて出張した岡山藩兵の接触によって起こったものであることがわかり、浪士は抵抗せずに退散したため、小嶋ら千人隊の面々は再度休息している。

千人隊の倉敷逗留中は大きな事件はなかったが、この記事からは、依然として倉敷周辺には浪士が潜伏していたことがわかる。

また、この日の条には、「坂地陸軍奉行衆ゟ御用状到来之旨被仰聞候ニ付、留置申候」として、千人頭の原・窪田両名へ宛てられた摂河泉に支配所を持つ幕府代官内海多次郎利貞書簡と、陸軍奉行溝口伊勢守勝如書簡が、写し取られている。[(6)]

【史料6】〔小嶋日記・四月二二日〕

倉敷表ゟ早便致啓達候、然は千人銃隊倉鋪賊徒為追討御差向ニ付、備前国片上宿逗留之砌り持夫差支ニ候故、夫役百人大坂当役支配所ゟ可差出、尤模様次第差戻ニも可相成旨御勘定奉行相達候間、百人岡山表迄到着致し、然

ル処貴様最早倉敷表御用も相済、広嶋表え御出立候上は持夫等之差支も無之義ニ付存候間、直ニ帰坂申渡候、乍然御差支之筋も候ハヽ、右持夫追駆可差立事ニ候間、其段御申越可成候、帰坂途中ゟ尚急速差向候様可致候、右之段可得御意如此御座候、以上

四月廿二日　　内海多次郎

窪田喜八郎様

原嘉藤次様

（中略）

以書状令啓達候、然は御用物運送方人足継立差支之趣被申越候ニ付、通し人足百人付添之者共別紙之通相廻申候、差配方之義は付添御代官手代え申談候様可被致候、依之別紙相添此段申達候、以上

四月十八日　　溝伊勢守

窪田喜八郎殿

原嘉藤次殿

差添

御代官

内海多次郎手代

和気源助

同

同

斎藤太蔵手代
清田瀬十郎
人足肝煎　四人
人足　　百人

以上がその内容である。この両書簡は、片上宿における人馬の差し支えを受けて大坂から派遣された人足に関するものである。

内海の書簡によれば、片上宿での人馬差し支えを受けて、大坂から通し人足一〇〇名を派遣したが、窪田率いる半大隊はすでに倉敷警衛の任を果たし、広島へ向けて出立したので、もはや人足は不要であろうとして、岡山宿まで到着していた人足一〇〇名に対し、帰坂を申し渡したというものである。

これに対する千人頭両名の返書は写されていないため、その後の対応は不明であるが、先述した交通夫役体系の麻痺に対して、的確に対応していることがわかる。兵站面における不測の事態にも幕府軍側は柔軟に適応したのである。(7)

翌二三日には、矢掛宿を出立し、神辺宿まで到着した。この日の条には以下のような記述がある。

【史料7】〔小嶋日記・四月二三日〕

一、御目付新見相模守殿、神辺宿へ寄いたし、右は倉鋪表未タ賊徒共立去不申旨ニ付、壱岐守殿ニも甚配(心脱カ)被遊候間、千人隊半大隊倉鋪表え相詰候様御沙汰ニ付、此段申達旨被申聞候、右ニ付而は是迄倉鋪表四五日逗留いたし取紅候処、残賊共相見不申、右坂地ゟ出張致し候松平鎌蔵申聞候ニは、芸州表え早々出張候様被申聞、右交代として岡山人数繰出し候ニ付、交代致是迄出張も候間、如何取斗可申哉之旨御談被成候処、相模守申聞候ニは、左候得共拙者ゟ芸州表え伺書差出し可申旨申聞候ニ付、御沙汰有之候迠は当処ニ逗留いたし候様被申聞候旨、御頭ゟ被

仰聞候、

これによれば、神辺宿において、目付新見正典より、倉敷には依然として浪士が留まっており、老中小笠原長行も懸念しているので、窪田らは再び倉敷へ戻るよう指示を受けている。これに対する窪田ら千人隊側の返答は、倉敷で陣屋警衛を勤めていた時は浪士も見当たらず、広島から出張してきた目付松平謙蔵からも早々に広島へ向かうようにとの指示を受けたので、持ち場を岡山藩兵に明け渡してここまで進軍してきた、というものであり、情報が食い違い混乱していることがわかる。今後の対応について新見と千人隊側で協議が行われた結果、新見が千人隊の今後の対応について広島へ伺いを立てるので、広島からその返答があるまで千人隊は神辺宿に逗留することに決定した。しかし、翌二四日には以下のような決定に変更となっている。

【史料8】〔小嶋日記・四月二四日〕

一、早朝御頭御目付旅宿え御出、右は昨御達申候得共、先当所は出立被成、其内何れとか御沙汰可有候間、倉鋪表え出張とも芸州表え出張とも可相成候間、其御心得ニ而出立可致旨申聞候旨御頭ゟ被仰聞ニ付、今朝五ツ時出立いたし、今津宿中飯、吉野や、

これによれば、昨日は広島からの指示があるまで神辺宿に逗留することに決定したが、そのうち倉敷へ戻るのか、広島へ向かうのか指示があるので、ひとまず神辺宿は出立して進軍を進めることになった、というのである。なぜそのような変更があったのかは不明であるが、しばらくは目的地が明確にならないままの進軍が余儀なくされたことがわかる。

この日は神辺を出立して尾道まで到着し、翌二五日には（沼田）本郷まで、二六日には西條宿まで到着した〔小嶋日記・四月二四・二五・二六日〕。また、この日、小嶋は俗事掛り神宮寺金一郎から、「明廿七日未明出立之心得ニは候へ

共、今晩中御沙汰之次第無之而は逗留ニも可相成哉ニ付、其段御承知可被成候」として、今晩中に指示がなければ翌日は西條宿に逗留するかもしれないとの通知を受けている。

しかし、翌二七日には西條宿を出立して広島に到着している。「御沙汰之次第」の有無は不明であるが、倉敷での陣屋警衛の任を終えて以降は、情報が錯綜した中での進軍であったことがわかる。

以上のような行軍過程をみると、倉敷陣屋の警衛を命ぜられた窪田隊は、警衛中は「無記事」とあるように、取り立てて大きな出来事がなかったが、警衛を済ませた後は、浪士出没による発砲騒動に遭遇したり、異なる二つの指示を受けるような情報が混乱した中での進軍を余儀なくされていたことがわかる。

以上のことをまとめると、八王子千人同心は、広島へと進む行軍の途中、長州藩脱走兵による倉敷代官所・浅尾陣屋襲撃事件に遭遇し、以下のような影響を受けた。

まず、脱走兵による倉敷周辺農村からの人夫徴収が、各宿における一時的な機能麻痺をもたらし、円滑な行軍を阻害された点である。

次に、代官所襲撃の報を受け、脱走兵追討の命令が下されたり、襲撃後の代官所の巡見や警衛が課せられたりするなど、長州藩との本格的な軍事衝突を前に、戦闘を想定した、より実戦的な環境がもたらされた点である。

最後に、複数の目付から、それぞれ異なる命令が下されるなど、襲撃後の処置や進退に関して、情報が錯綜した状況下での行軍を余儀なくさせられた点が挙げられる。

以上のような影響があげられるが、これに対し、千人隊側も、八個小隊を原隊と窪田隊の二つに分けて半大隊別で役割を分担し、人夫不足に際しても大坂から人足が補充されるなど、兵站面においても、出兵・出張においても、不測の事態に柔軟に対応していたといえる。

第二節　広島における千人同心

1　広島城下巡邏

では次に、広島到着後の千人隊の動向や役割について見ていく。

広島における千人同心の役割としては、城下巡邏があげられる。倉敷警衛を勤めた窪田隊に先立ち、四月二二日に広島に到着した原隊は、二四日に「歩兵之振合ヲ以」って城下の巡邏を勤めるよう命ぜられ、翌二五日より実施される〔丸山日記・四月二四日〕。これは、城下下柳町の松生院を仮の番所として、昼夜一小隊ずつ同院に詰め、巡邏を勤めるというものであった。巡邏の範囲は、東は「京橋辺り」まで、西は「猫屋橋」まで、北は「追手前辺」までであり、最初の巡邏は、昼を第一小隊が、夜を第八小隊がそれぞれ勤めることになる〔丸山日記・四月二四日、土方日記・四月二五日〕。

夜巡邏を勤めた第八小隊の組頭丸山惣兵衛の日記の二五日条には、「昼前壱度、昼後壱度、一日二度相廻り候事」とあり、昼巡邏担当の第一小隊は、午前と午後に一度ずつ計二度にわたって巡邏を勤めており、夕七ツ半時（一七時頃）に至り、夜巡邏当番の丸山ら第八小隊が松生院に到着したため、一番隊は交代している。また、夜の巡邏については、「半小隊宛相廻り候事ニ付」とあり、さらに「同夜見廻り三度」とあることから、一度の巡邏は半小隊で行い、計三度にわたって巡邏を勤めたことがわかる〔丸山日記・四月二五日〕。そして、翌二六日には昼担当の第二小隊が六ツ半時（七時頃）に松生院に出張し、第八小隊と交代している。

以上のことから、昼巡邏は、七時ごろから一七時頃まで番所に詰め二度の巡邏を実施し、夜巡邏は一七時ごろから翌朝七時まで番所に詰め三度の巡邏を実施していたことがわかる。夜巡邏は昼巡邏と比べて四時間多いため、見廻りも昼巡邏よりも一度多かったのではないかと考えられる。そして二七日には、倉敷警衛を終えた窪田隊も広島に到着し、原隊同様に城下巡邏を勤めることになる〔小嶋日記・四月二八日〕。これ以降、原隊と窪田隊は双方別のシフトを組んで巡邏にあたっている。

また、二八日には、千人頭が各隊から組頭を一名ずつ呼び出し、以下の陸軍奉行・歩兵奉行からの通達を開示した。

【史料9】〔丸山日記・四月二八日〕

兼而御達有之通り、怪敷もの見掛次第召捕候節者最より之寺又者奉行頭之旅宿江置、即刻右之趣御目付江相達候得者、当所町奉行江相達請取之もの可差出筈ニ付、直ニ引渡シ候積り御目付江談判いたし置候間、此段巡邏罷出候向者勿論、其外為心得御達し置可被成候、以上

内容は、不審な者を捕らえた際の対処についてである。不審な者を捕らえた際は、最寄の寺院か「奉行頭」の旅宿に連行し、目付に不審者捕縛の旨を伝えれば、目付から広島の町奉行所に連絡が行き、同所より不審者受取の者が派遣される、というものである。この通達を示した上で、城下巡邏も一層厳重に勤めるよう指示している。さらに続けて、千人頭は、呼び出した組頭に対し、本日(二八日)、歩兵方が「教兵隊」と協力して長州藩側の間諜二名を捕らえたことを伝え、今夜以降、先着の原隊は左官町の善応寺を番所として巡邏を行い、後着の窪田隊が松生院を番所として巡邏を勤めることになった〔丸山日記・四月二八日〕。陸軍奉行と歩兵奉行は、城下での間諜捕縛を受けて、城下の巡邏を務める千人隊に対し、不審者を捕縛した際の対処の仕方を改めて確認させ、より一層の巡邏の強化を命じたことがわかる。

さらに翌二九日には、原隊・窪田隊双方とも、昼は一小隊で、夜は二小隊でそれぞれ巡邏を勤めることになる。第二小隊組頭小嶋隆蔵の日記の二九日条には、千人頭より、「弥明日応接ニ相成候ニ付者、巡邏繁々見廻り候様」との指示があり、夜巡邏は二小隊で行うよう伝えられている〔小嶋日記・四月二九日〕。この記述から、夜巡邏強化の背景には、翌五月朔日に広島国泰寺で行われる小笠原長行による長州藩側への尋問および処分の申し渡しに備える意図があったと判断される。

また、千人同心は、城下巡邏に加えて、京橋の警備や陸軍奉行の旅宿詰めも勤めることになる。

五月朔日、前述のような巡邏の強化に加えて、同夜より陸軍奉行竹中重固の旅宿に組頭一名と同心六名を派遣して詰めることになる〔土方日記・五月朔日〕。さらに、京橋警備を勤める予定であった小筒組が、「終日之労」を理由に警備を勤めることが難しい旨を申し出たため、千人隊に巡邏の厳重な実施が命ぜられている。小筒組は、同夜より長州藩側への尋問が行われる国泰寺に詰めており、小笠原の「帰り掛ケ護衛等」も務めていたため、京橋警備が困難になり、朔日以降は、千人隊の城下巡邏に京橋警備の役割を含むようになったと考えられる〔丸山日記・五月朔日〕。

三日の昼巡邏を担当した八番隊の同心の日記には、「当番ニ付松生院江参り、夫より玉薬番六人残シ置京橋固メ致シ、但巡邏者無之、夕七ツ時三番と交代致シ一同引取候事」とある〔土方・五月三日〕。また、同隊組頭丸山の日記には、夜巡邏を担当した六日条に、「同夜京橋口見張当番、第三、第八ニ付、松生院江罷越候上、二番隊与交代致し候上、京橋口両橋詰一小隊代る〳〵出張之上、半隊宛分隊致し両橋詰見張致し候」とある〔丸山日記・五月六日〕。以上のことから、千人隊による巡邏は、五月朔日以降、城下巡邏に京橋警備の役割を含むようになったと考えられる。

千人同心は、城下の巡邏、陸軍奉行の旅宿詰、京橋警衛など、増加する広島での役割に、どのようにして対応していたのか。

2　城下巡羅のシフト

五月朔日から同月八日までの城下巡邏のシフトが、小嶋と丸山の日記にそれぞれ記載されているが、それぞれ記述が異なるため、ここでは小嶋の日記のシフトをあげる。

【史料10－1】〔小嶋日記・五月朔日〕

窪田公附兰大隊巡邏夜詰順、

	昼	夜	二小隊ゟ兵士六人、役々壱人夜詰之事
一日	七	四、五	
二日	六	七、五	
三日	四	六、七	
四日	五	四、六	
五日	七	五、四	
六日	六	七、五	
七日	四	六、七	
八日	五	四、六	

右、夜当番、偶日二小隊ゟ役々一人、兵士六人宛丹後守殿へ夜詰可罷出事、夕六ツ半時、明六ツ半時退出之事、

【史料10－2】〔同右〕

一、原公付半大隊

昼　夜

一日　　二　　八
二日　　三　　一、二
三日　　八　　三
四日　　一　　八、二
五日　　三　　一
六日　　二　　三、八
七日　　一　　二
八日　　八　　一、三
右者丁日ニ者、京橋手前ニ而一時ツ、休足致し、跡隊到着次第交代致し候、其内ゟ両三人ツ、□兵可差出候、半日ニ者当直ニ小隊ゟ役人一人、兵士六人丹後守旅宿相詰候事、
　但夕七ツ半時、明六ツ時引取

右にあげた小嶋の日記のシフトは、原隊の夜巡邏が二小隊ずつではないなど疑問点はあるが、奇数日は原隊の夜巡邏担当小隊から、偶数日は窪田隊の夜巡邏担当小隊から、それぞれ陸軍奉行旅宿詰の組頭と同心が派遣されていたことがわかる。

四日には、千人頭窪田喜八郎の旅宿で、一〜八小隊の組頭が「巡邏其外」の「日限等」を取り決める会合を持ち、以下のようなシフトが組まれる。

【史料11】〔丸山日記・五月四日〕
昼当番　　夜船場渡詰

但し是分ゟ合薬護衛ヲ出ス、夜京橋詰メ但京橋詰より、

七日	壱	二	六、七	奉行衆詰とも持切候事
八日	八	七	三、一	同
九日	二	八	四、五	同
十日	三	六	一、二	同
十一日	八	三	六、七	同
十二日	壱	四	二、八	
十三日	三	一	四、五	
十四日	二	五	八、三	
十五日	壱	二	六、七	
十六日	八	七	三、一	
十七日	二	八	四、五	
十八日	三	六	一、二	
十九日	八	三	六、七	
廿日	一	四	二、八	
廿一日	三	一	四、五	
廿二日	二	五	八、三	

このうち、「船場渡詰」とは、八番隊丸山の日記の九日条に、「兼而相達置候通リ、小筒組江波辺江出張相成候ニ付

而者、今九日夜ゟ京橋口並左官町渡船場見張とも、先発後発隊ニ而御固相心得之事ニ付、割合置候通リ、今晩より可被相勤候、尤後隊江も打合置候、此段申達候以上」という通達があることから、これももとは小筒組の役割であり、それを千人同心が勤めることになったものと考えられる〔丸山日記・五月九日〕。「合薬護衛」は、松生院で保管する弾薬の護衛のことであろう。

このように、五月七日以降、それまで別々であった原隊（一～三、八小隊）と窪田隊（四～七小隊）のシフトが、両隊同一のシフトに切り替わり、役割の増加に合わせて巡邏体制が再編されていることがわかる。

3　非常時の対応

以上のように、八王子千人同心は、平時における役割が次第に増加していったが、非常時にはどのような役割が期待されていたのか。

小嶋日記の五月朔日条には、「小筒組勤番割」とともに、「暴放之節手配左之通リ」として、有事における隊の対応の仕方が記されている〔小嶋日記・五月朔日〕。

まず、「小筒組勤番割」には、非常時には京橋警備は千人同心へ任せて直ちに寄せ場へ集まるように、との記載があり、千人同心は、非常時にも小筒組に代わり京橋警備を勤めることが期待されている〔小嶋日記・五月朔日〕。

次に、「暴放之節手配左之通リ」には、「千人隊窪田喜八郎持半大隊者、暴放之模様ニ寄、差図不待攻守共、臨機之取斗可致候事」とあり、窪田隊は非常の際、指図を待たず、機に応じて攻守どちらにも転じられるよう命ぜられている〔小嶋日記・五月朔日〕。また、「同原嘉藤次持半大隊之内、一中隊京橋ヲ固メ、一中隊者丹後守旅宿へ駆付、差図ヲ請候事」とあり、原隊は有事の際、一中隊（二小隊）は小筒組に代わって京橋警衛を勤め、残りの一中隊は陸軍奉行竹中重固の旅宿へ出張し、指示を受けることになっている〔小嶋日記・五月朔日〕。

これによれば、非常時における千人同心の役割は、京橋警備や陸軍奉行旅宿への出張などであったが、原隊には中隊別の行動が求められ、うち一中隊は臨機応変な行動を期待されていた。

実際に、五月九日に一度、千人同心は一度緊急出張をしている。以下では、丸山や小嶋の日記の同日条をもとに、同夜の情況を見ていく。

この日、夜巡邏のため番所兼休息所である善応寺に到着した丸山は、同所へやって来た千人頭の窪田から以下の指示を受けた。

【史料12】〔丸山日記・五月九日〕

（前略）窪田喜八郎殿御越ニ而被仰聞候ハ、次第柄聢与不承候得共、上刻壱岐守殿御旅宿江罷出候処、壱岐殿被仰渡候趣、丹後殿被相達候者、今九日宍戸備後之助小田村元太郎両人、安芸守江御預ケ相成候ニ付而者、跡着拙者附属四小隊之義者、寺町関門固メ被仰付、但し此寺町江毛《(ママ)》利中出張之者之旅宿之所也、前着原嘉藤治殿附属、（中略）四小隊者、今夜京橋口固持切ニ可致旨被仰渡候間、嘉藤治殿江右書状差遣可申之処、貴様方より右次第巨細ニ申上候様、（後略）

これによれば、丸山は、窪田から、宍戸備後以下長州藩側の名代として召喚されていた藩使が広島藩預けとなったこと、これにともない窪田隊に寺町関門の警備が、原隊には京橋の警備がそれぞれ命ぜられたことを知らされる。またこの旨を原にも伝えるよう指示を受けている。原へこの旨を伝えた後、丸山ら八番隊は京橋へ出張して「御筒ヲ建させ」、一、二、三小隊とともに警備にあたった〔丸山日記・五月九日〕。一方の窪田隊については、小嶋の日記の同日条に以下のような記述がある。

【史料13】〔小嶋日記・五月九日〕

只今奉行衆被仰聞候ニ者、今日宍戸備後之助、尾田村元太郎、右両人芸州表へ御預ニ相成候ニ付、従者之者共不残立払被仰付候ニ而者、先刻ゟ歩兵隊西寺町柵門前後固メ差出置候間、今夕刻ゟ千人隊と交代致し可申候様被仰聞候間、早刻人数差出候様被仰聞候、右ニ付、四、五、六、七、早刻西寺町柵門迄繰込、歩兵方役々と引合交代致し、第四小隊其後舟場固メ、五、六柵門固メ、第七猫屋橋筋固メ、（後略）

これによれば、窪田隊も歩兵隊に代わり寺町柵門の警備を勤め、船場警備や猫屋橋警備にも人数を割いていることがわかる。

この九日の例は緊急の出張であり、非常時に期待されていた役割とは少々異なるが、緊急時には小筒組だけでなく、歩兵隊の代替としても機能していることがわかる。以上のように、千人同心は非常時においては、小筒組の代わりとしての京橋警備、陸軍奉行の旅宿出張、臨機に応じた行動を期待されていた。また、大隊別に役割が分かれており、さらに中隊での活動も求められていた。緊急の出張では歩兵隊の代わりも勤めていた。

これらの平時・非常時における役割を果たす一方、城下において、諸隊合同調練も実施されていた。五月一六日に、同九日に順延となった諸隊合同の「御見置」が広島城二の廓輪内講武所において実施された〔丸山日記・五月一六日〕。これを見分した小笠原長行は、調練の出来を「格別美事ニ出来、一段之事、もはや業前ニおゐてハ此上ハ有ルまじく与存スル」と賞賛しており、調練の熟度もより高まっていることがわかる〔丸山日記・五月一七日〕。

おわりに

幕長戦争に従軍した八王子千人同心は、行軍中において、長州藩脱走兵（第二奇兵隊）による倉敷代官所・浅尾陣屋襲撃事件に遭遇し、円滑な行軍を阻まれながらも、半大隊別で役割を分担することで、目付による倉敷巡見への追従や倉敷陣屋警衛などの急な任務にも柔軟に対応していた。また、周辺宿の人馬差し支えに直面するも、大坂から通し人足がすぐに派遣されるなど、不測の事態にも柔軟に対応する幕府軍の姿も確認できた。

広島到着後は、小隊単位での城下巡邏を半大隊別にシフトを組み分担していたが、次第に任務が増加してくると、半大隊別のシフトを改編し、両隊同一のシフトに組み替えることで対応した。また、有事においても半大隊単位で役割が分担され、さらに中隊単位での活動も想定されていた。

このように、安政の軍制改革を通じて洋式軍隊化した千人同心は、場合に応じて、半小隊・小隊・中隊・半大隊・大隊での機能的な活動が可能となっており、行軍中の不測の事態や増加する広島城下での役割にも、柔軟に対応していたことがわかる。非常時においては小筒組や歩兵隊の持ち場を引き継ぐなど、広島到着後も諸隊と提携しながら役割を遂行していたことがわかる。また、広島滞在中においても諸隊との合同調練が行われており、小笠原からその出来を賞賛されるなど、広島到着以前から度々行われていた合同調練の熟度もより高まっていたこともわかる。

従軍中の劣悪な環境によって多くの脱落者を生んだ点や、戦線における希薄な戦闘意欲が幕府軍参加諸藩の撤退を招いた点など、これまでの研究では、千人同心のマイナスの側面がクローズアップされてきたが、今回考察の対象とした行軍中や広島において課された役割に柔軟に対応していた点はプラスの側面といえるのではないか。

註

（1）吉岡孝『八王子千人同心』（同成社、二〇〇二年）一四三頁。
（2）村上直編『増補改訂　江戸幕府八王子千人同心』（雄山閣出版、一九九三）二五二・二五三頁。
（3）村上編註(2)二五四頁。
（4）村上編註(2)二五一頁。
（5）吉岡註(1)、村上編註(2)二五〇・二五一頁。
（6）内海については、村上直他編『徳川幕府全代官人名辞典』（東京堂出版、二〇一五）八〇頁参照。
（7）備中の幕領において、物資の調達や夫役の動員が「ほぼ幕府の予定したとおりに成し遂げられたこと」が指摘されている(久留島浩『近世幕領の行政と組合村』、東京大学出版会、二〇〇二)二七〇頁。

小倉から大坂までの八王子千人同心の動向

辻　博仁

はじめに

第二次長州征討において、当初、広島に滞在していた八王子千人同心は、小倉出兵の命により、慶応二年（一八六六）六月一五日に小倉へ赴いた。以降、千人同心は、総督である小笠原長行の警護や敵陣の偵察、一日三度の勤番等といった任務に当たった。しかし、小倉口の戦いにおいて、幕府軍が諸藩兵の相次ぐ戦線離脱と小笠原の遁走に伴って小倉からの撤退を余儀なくされたことは、周知の通りである。これにより、八王子千人同心は、鶴崎経由で松山へと向かい、約二か月間にわたって逗留した後、大坂へ引き揚げることになったのである。

小倉口の戦い以降の八王子千人同心の動向について記録されている史料は、従軍した隊士による日記が複数残されている。この内、本書収録の諸論文も多く依拠している「丸山日記」「土方日記」「小嶋日記」が既に活字化され刊行されている。一方で、小倉口の戦いにおける八王子千人同心の実態やその後の敗走時の経緯等について、直接取り上げている研究はそれほど多くはない。

管見の限り、小倉口の戦いにおける八王子千人同心隊を取り上げた研究の初見は、髙橋磌一「八王子千人同心について」であろう。[1]この中では、第二次長州征討の際、八王子千人同心が小笠原長行に供奉して小倉口の戦いに参戦し、「敗戦した」ことが簡潔に述べられている。

村上直「甲州および第二次長州征討出兵」では、小倉口の戦いの際、八王子千人同心隊が総じて督戦的な役割を果たしていたことが明らかにされている。また、八王子千人同心隊の士気は極めて低く、戦闘への参加も消極的であったことが、諸藩兵の戦線離脱の契機の一つとなったとも言及している。[2]

吉岡孝『八王子千人同心』では、八王子千人同心の内、砲術方・御旗指方のみならず、長柄方が少なくとも松山までは進出していたことが明らかにされている。また、千人同心は村に統御される側面も強いが、農村が働き手を長期間手放すことは困難であるため、長柄方には六〇代を超す高齢の隊士も多く含まれることとなり、近代的な軍隊としては未熟なものであったことを指摘している。[3]

以上の先行研究により、従来不明な点の多かった八王子千人同心隊の行動の実態について、ある程度垣間見ることが可能となった。一方で、これらはいずれも幕府軍全体の士気が低く、戦闘能力も劣っていたという認識を前提として論が展開されており、「惨敗した幕府軍」「圧勝した長州軍」という構図が固定化されてしまっているという問題点がある。しかしながら、幕府軍の兵士らが西洋式兵術の訓練を受け、西洋式装備で武装していたという指摘(前掲宮澤論文)や、倉敷浅尾騒動等、非常事態の発生時に合理的な対応を見せたという指摘(前掲井上論文)がある。八王子千人同心のこうした合理的側面を考慮すると、隊の士気が総じて低く、あたかも小倉口の戦いでの幕府軍敗退の要因にすらなった、という見解には疑問が残る。

そこで、本稿では、第二次長州征討における八王子千人同心隊について、小倉口の戦いから九州・四国を経て大坂に戻るまでの動向を追う。その上で、実際には「敗走」という言葉からは程遠かったという実態を解明し、八王子千人同心隊の合理的側面について考察を加えたい。なお、引用した日記の年次は、すべて慶応二年である。

第一節　小倉口の戦いにおける八王子千人同心の動向

慶応二年（一八六六）四月、江戸幕府と長州藩の交渉は決裂し、第二次長州征討へと発展する。これに伴い、広島出陣を命じられた八王子千人同心は大坂を出発し、翌五月に広島へ到着した。当初は市街警備等の任務に当たっていたが、千人組砲術方に対し、小倉への出張命令が下った。これを受けて、六月朔日、千人頭原嘉藤次・同窪田喜八郎以下、八個小隊が広島を出発、伊予を経て小倉に向かう。

小倉では、一部の部隊が敵陣の偵察や長浜出張等、戦線に送り込まれた。また、小倉口総督である小笠原長行の警衛や一日三回の市街警備等、戦闘支援任務に当たる。

七月二七日には、赤坂の戦いが勃発した。赤坂の戦いでは、熊本藩兵らの活躍により、幕府軍が勝利したことは周知の事実である。当日の様子について、「土方日記」では次のように述べられている。

【史料1】〔土方日記・七月二七日〕

一、七月廿七日晴天、暁七ツ半時頃より長賊騎兵（ママ）隊下の関より大小船数百艘ニ而渡海致シ白木崎より上陸、大里を本陣として舞芋（寄カ）新町ニ而小倉勢嶋村志津摩勢と四ツ時より九ツ時迄戦争ニ及ひ候得共、甲斐勢延命寺下迄引退き候故、長州勢少シ引返シ候由ニ而直様進ミ来り候時、最早舞寄新町ニ而火の手上り人家焼失シ、此時長賊益々進ミ来り亦々甲斐人数近江守人数と暫砲戦而已、然ル処中津江賊徒引別レ無二無三ニ進ミ候処、延命寺山南ニ者肥後壱番手之備へニ而大砲五門小銃ヲ以戦争ニ及ひ候処、肥後勢小勢故賊徒益々進ミける故、肥後勢援兵右之方よりトキヲ作り今ニも鎗を入候様子ニ付、賊徒うき足ニ相成候処を、右より肥後勢左りより者小倉勢厳重打立候ニ付、長賊過半討取残兵馬寄南より東江逃去リ申候、

右戦争相始り候ニ付、御老中小笠原壱岐守殿御出張被致候ニ付而者、別手組千人隊御召連ニ相成、先五ツ時半ニ門司口門江被為入、夫より勅使台迄御出馬、尤幸松丸殿御先備にて千人隊左右ニ固メ壱岐守殿人数四百人程、夫より肥後壱（八カ）番主陣際迄御出張被致候而、肥後先手の戦ひ御見分被致八大龍王社江御陣所ニ相成候、此所ニ而千人隊第七・第七弐小隊小笠原近江守援兵被仰付候ニ付、直ニ延命寺下迄出張候処、近江守人数者地蔵坂宮本武蔵の墓之所ニ而戦争最中也、海面より者廻天丸、富士山丸ニ小倉蒸気共三艘ニ而厳砲、長賊よりも蒸気ニ而発砲、長州赤台下ニ者蒸気仕立之船二艘、白木崎ニ一艘警衛致し居り候、右海陸より攻掛ケ候ニ付、賊徒敗走ニ而八ツ時ニ戦争相止候、同九ツ半時戦争最中ニ廻天丸御鑑（艦カ）者下の関を乗落シ候ニ付、一同心配候所広島江参り候由相分り候、今日の戦ひニ肥後手ニ而賊徒首級十六打取、小倉勢打取候者不相分、其外討殺シ候者数不知、

（傍線、引用者。以下同じ）

即ち、この戦いにおいて、八王子千人同心は、老中小笠原長行に随伴して別手組とともに出陣、門司口門から勅使台まで行動を共にしている。幕府側の先陣は播磨国安志藩主小笠原幸松丸(貞孚)。千人隊は老中小笠原の左右を固めたとあるので、彼の警護が主目的だったことは明らかである。しかしやがて第七・八小隊は小倉新田藩の許へ応援に赴いた。また、この史料中にはみえないが、第一・二・六小隊が熊本藩兵の許へ応援に駆けつけている(4)。このように、八王子千人同心は、主に戦闘支援任務の面から重要な役割を果たしていた他、実戦も経験していることがわかる。

ところが、七月晦日、熊本藩の責任者であった家老長岡監物は独断で帰国を開始する。この長岡の決断が、次々に他の諸藩兵の撤退を誘発することになった。更に、同日夕刻には、最高指揮官である小笠原がひそかに戦線を離脱、

残された幕府軍は大混乱に陥る。前述の赤坂の戦いで圧勝し、首実検まで行った〔丸山日記・七月二八日〕熊本藩が突如として撤退を開始した理由については不明であるが、長岡は、撤兵に先立ち、以下の書状を国許に送っている。(5)

【史料2】

態と赤尾嘉兵衛・財津民助早打ニ而差出申達候、九州討手之諸藩応兼小笠原閣老御胸算之次第等ハ追々申達置候通ニ候処、去ル廿七日戦争中御応援之御指揮も何分落着兼後詰之御手賦迚も御行届兼、万端之御処置筋一々不安心之事ニ有之、右ニ付而ハ爰許出張中話合之趣を以再三申立候次第も御座候得共御採用之埒ニ至兼、迚も此侭ニ而ハ無謀ニ陥り候迄之事ニ付、只今之御運ニ而ハ大ニ両手之人気ニも差障何分御請難申上旨昨夜溝口蔵人・下津休也笠閣老江罷出申上置、今日別紙之通御届書差出両御備共一同引揚申候、右ハ不容易事件ニ付第一ニ尊慮可奉伺筈之処何分今日之機会を逸し候而ハ只々大勢之御人数死地ニ陥り候迄之事ニ付、私共限卒発之処置仕候儀ハ罷帰り候上如何様共御裁許を奉待覚悟ニ御座候、右之次第一応御内聴ニも御達被置可被下候、以上、

長岡監物

七月晦日

長岡帯刀　殿

有吉将監　殿

小笠原美濃殿

郡　夷則　殿

木村男吏　殿

尚々出立前ニ至閣老より御呼出ニ付蔵人同道罷出申候、此上ハ如何ニ被仰付候共御人数は夫々引揚候跡ニ付其趣を以御断申上候筈ニ御座候、御応接申上候次第ハ途中より可得貴意候、以上

【史料3】

覚

当表江指出置候人数暑中以来数日之間雨露ニさらし兵力甚相労候上、土台手薄之備向ニ而此後之見亘も付兼候付而ハ追々応援之御措置筋も奉願候末委細之儀ハ昨夜御直ニ奉申上候通ニ付、両手之人数共一と先当所引揚申候、此段御届申上候、以上

七月晦日

細川越中守家来

長岡監物

溝口蔵人

これによれば、老中小笠原の「御胸算」、つまり「見積り」が甘いことが以前から問題を惹起させていた。その上、二七日の戦闘の指揮も安定性を欠き、後方支援も行き届いたものではなかった。すべてにおいて小笠原の指示は不安を招くものであったことから、長岡は小倉方面に来た後でも再三意見を上申したが採用されなかった。このため長岡たちはこのままでは敗北は必至であるとし、引き揚げの判断に至ったとしている。

一方、熊本藩の陣払いの様子を目撃した八王子千人同心第七小隊組頭小嶋隆蔵は、七月晦日の様子について、自らの日記に次のような記録を残している。

【史料4】〔小嶋日記・七月晦日〕

一、朝五ツ時赤坂延命寺裏手山陣所へ後退罷出候二・三・七小隊延命寺裏手山へ細川越中守一番手陣所人数罷在候処、昼九ツ時ゟ追々同所陣払之様子同所へ小倉勢陣所相構居候ニ付、何れ之模様ニ而御陣所御引払被成候哉之旨掛合候処、右者交代仕候由申ニ付交代様見請候処、大砲小銃弾薬等陣所不残引取全陣払之様子ニ付誠ニ不分明ニ

候間、御伺申度旨小倉勢使番申来候、右ニ付当隊陣所ゟ嶺細川勢陣所有之候ニ付右之様子申談候処、全交代ニ候趣申聞候、

一、昼九ツ半時ゟ嶺細川勢陣所是亦追々大砲小砲共取片付陣小屋垣壁等取潰し追々陣払之模様ニ付又候右へ掛合候処、是亦右同様交代与申、乍去異変与見請候間、直御旅館へ右之次第御注進申上候、右ニ付菊谷弁之助・越石元太郎、細川勢軍目付長坂血槍九郎陣所へ右之模様承合与して罷越候処、御同人義御本陣へ御出張ニ付直様立戻右之由御頭へ申上候、

一、小倉藩御使者西田庄三郎ゟ申聞候趣同藩平井小左衛門組三澤平治郎申聞候趣細川越中守家来一番手将士溝口蔵人今七ツ時ゟ当表惣陣払最早先手人数者繰出シ川原村迄罷越、同所一泊之積りニ而惣陣払ニ相成候間、如何之義ニ御座候哉此段申上候、

これによれば以下のようである。朝五つ時に千人同心の第二・三・七小隊が熊本藩の陣所に行くと、熊本藩兵は追々陣払いを始めたのである。同じ所に小倉藩の陣所もあって、そこから熊本藩に事情を聞いてもらったところ、熊本藩側は「交代だ」と返事をした。しかし大砲や小銃・弾薬まで全て熊本藩は引き上げようとしていて理解し難い。そのため小倉藩から千人同心たちにも伺いの使者が来た。そこで千人同心から嶺にある熊本藩陣所に問い合わせたが、やはり「交代」とのことであった。昼九つ半にはその嶺の陣所も撤退を始めた。千人同心の菊谷・越石が熊本藩軍目付長坂血槍九郎に問い合わせると、またしても理由は「交代のため」であった。しかし千人同心が小倉藩の使者西田庄三郎から聞いたところでは、熊本藩家老溝口蔵人は惣人払だということを認めたという。交代というのは偽りだったわけである。この記事を見る限り、八王子千人同心隊は、熊本藩兵の撤退を事前に把握しておらず、突如陣払いが行われ始めた現場に居合わせ、当惑している様子が窺える。

長岡は、以前より小笠原と折り合いが悪く、対立を深めていたという事実も指摘されているが[(6)]、熊本藩兵の撤退は八王子千人同心にとっても寝耳に水であった。また、八王子千人同心は前線での戦闘に参加することはなかったとい え、戦闘支援という側面から重要な任務を遂行していることから(そもそも、八王子千人同心の小倉戦線投入は、最高司令官の護衛が主たる目的とされており、最前線での銃撃戦や白兵戦での部隊展開は、当初より想定されてはいなかったのである)、それを以て戦闘に対し消極的な姿勢であったと判断することは早計であろう。以上のような理由から、少なくとも撤兵の要因が千人隊であるとは考えにくい。

第二節　小倉から松山までの八王子千人同心の動向

小笠原の遁走により、小倉口の幕府軍は、最高司令官の不在という異常事態の下に置かれることとなった。残された幕府軍幹部らは、これ以上の戦闘継続は不可能と判断、小倉からの全面撤退を決定する。

この決定は、熊本藩兵を始めとする諸藩兵の撤退及び小笠原の戦線離脱が発生した七月晦日の当日中に、八王子千人同心を含む幕府軍各部隊に伝達された。あまりにも突然の決定に、各部隊とも大いに困惑したであろうことが推察できる。更に、小倉城下も避難民で溢れ返る等、大混乱の状態に陥る。そうした状況の下、撤兵の準備に取り掛かる八王子千人同心の様子について、「丸山日記」には、次のように記されている。

【史料5】〔丸山日記・七月晦日〕

同日夕方、千人隊不残前書持場江出張可致旨急達ニ付一同兵糧用意之上八小隊一同持場江罷越候処、最早細川人数壱人も不居合候得共、命令ニ付人数所々間配リ一同必至之覚悟ニ而罷在候処、同夜五ツ半時ニ至リ出張之人数

不残引上ケ可申旨御達有之候ニ付右持場引揚ケ、夫より赤坂村江出テ海岸ヲ松原長表江掛リ引退候処、小倉勢も追々人数ヲ引上ケ籠城ニ而も可致模様而、既ニ長浜表江夫人ヲ出し明八札ヲ為持所々江かゝり火ヲ焚セ引払候体ヲ見せ候有様ニ見へ候也、一同各々宿陣江帰候処休息之間も無之、小倉出張之役々一同引払可申旨御内達有之、小笠原壱岐守殿御事ハ同日夕六ツ時海転丸御船ニ而御目付平山鎌次郎御差添ニ而御出帆有之旨、右ニ付残リ御目付衆其外御役々御評義之上ニ而今晦日早々当小倉引払、筑前口ゟ豊後日田郡江引退キ候旨御急達ニ付、御用物之義者足附人足ニ為持候積リ、且又銘々荷物之義者持れ候丈ケ背負ひ残り之用具者其侭残置候積り、且病気ニ而歩行も全ク不相成ものハ人足等無之候ハヽ、無余義次第ニ付小倉表江残置候而も不苦旨御達シ之旨越石敬之助申聞候間、当八番小隊兵士佐久間直三郎手足とも不自由筋骨引詰り何分歩行不相成、其上小倉表も町武家屋敷共動揺大混雑ニ而駕籠人足等手当も何様不行届、郡代より割付足附人足も御手宛之人数者不出、是も小倉表之動揺形勢ヲ見て逃去候哉与被相心得、右等之次第ニ付無余義直三郎ハ賄方手代江引渡シ候上兵糧等ヲ遣ひ銘々御筒幷御胴乱ヲ帯シ御紋付御筒長持弾薬箱ニ荷足附人足ニ為持候、旅宿宝典寺ヲ出夫ゟ壱岐守殿御旅館戒弾寺江罷越、八小隊各々相揃目付方幷両頭其外役々戒弾寺ヲ出張之節者同夜八ツ時ニも可有之、御旅館御門前江拾而篝《かが》リ火ヲ焚キ其侭一同出立、夫ゟ小倉城門篠崎門ヲ出、

この史料の通り、小倉城下の混乱状態は、撤退しようにも人足等の手配もままならない有様であった。そのため、自力歩行が不可能な傷病人や持ちきれない荷物は、止むを得ず小倉に残したまま出発することになった。第八小隊隊士の佐久間直三郎は歩行が不可能な状況にあった。駕籠人足も手当がつかず、郡代から割り付けられた人足も十分な人数は確保できず、どうしようもなく直三郎の賄を手代に渡し、兵糧を与え、銘々は鉄砲と胴乱、紋所付の鉄砲を入れる長持等を人足に持たせ出立した。将軍から貸し渡された武器の輸送が優先され、直三郎は置き去りにされたので

ある。

混乱下の中、小倉からの脱出を開始した八王子千人同心は、八月三日、日田で傷病人を除く全隊士が合流した。当日の様子について、「丸山日記」は以下のようにある。

【史料6】〔丸山日記・八月三日〕

日田ニ一同逗留ニ相成、明四日同日田出立相成候旨御達有之候処、四国路江渡海致候様相成候様相成候処日田より中津江出候得者諸事都合も宜敷候へとも同所形勢之程も難計ニ付山路通行相成候上者是迄持越候、御用物並自分荷物等之義も人夫等差支ニ相成可申候ニ付必要之品斗持越候積リ御達ニ付御筒長持壱棹琉球色四ツ御代官江預ケ置、外小隊も右之振合出立積相成候、

山道が険しいため、豊後国西国筋郡代窪田鎮勝に荷物を預け、身軽になった上で出発している。また、四国へ渡る方針についても一同で確認する等、混乱状態の中でも集団的行動の維持を重視している様子が窺える。

その後、八王子千人同心隊は、八月四日の松木村を経て、翌五日には別府に至った。「丸山日記」には、別府の様子について、「温泉有之豊後之名地之由ニ而遊女抔も有之繁花なり」等と記録されていることから、別府周辺には、小倉の混乱の影響は無く、平穏な様子であったことが窺える〔丸山日記・八月五日〕。

八月九日には、八艘の船に分乗して鶴崎を出港、翌一〇日には伊予国三机港に寄港している。荒天のため、暫くの間、出港見合わせや引き返しが続いたが、八月一七日の長浜寄港を経、翌一八日に三津に無事到着した。なお、途中荒天により本隊とはぐれてしまった第二小隊は、同一五日に松山へ到着している。

さて、八王子千人同心隊の到着する直前の松山の様子について、八王子千人同心隊長柄方の松崎兵四郎が残した史料が現存する。少々長いが一部引用する。(7)

【史料7】

去ル廿六日豊前小倉ゟ京極殿江御達有之趣、小倉詰諸隊之面々廿七日之軍ニ敗軍ト相見江、諸隊之面々晦日之夜之夜中ニ相成候趣海上ゟ御届有之由、（中略）右之模様柄ニ而当所詰御目付松浦越中守殿義、芸州表へ御問合ニ別手組八人御連立被成、御徒目付・御小人目付衆御道同《（同道カ）》ニ而当地出帆被致候、御帰之儀者、当月七日御帰宅ニ相成候事、芸州表幷小倉表之御様子抔も宜敷も無之哉、左候へハ、長州勢も八代して意恨ヲ以当所近ニ打入可申儀も難計風聞ニ而、三ツ浜・高浜・堀井浜等其外口々江松山勢火急ニ御厳重ニ御堅固ニ相成、右ニ付三ツ浜町家幷城下町々江御触有之而、家財諸道具等取片付、近辺最寄親類共江妻子共ヲ片付、以之外大騒キニ相成候折柄、大目付田沢対馬守殿御陣宿者、私共勤番所休息所之隣家ニ而、御同人之御持方ニ懇意之もの有之、芸州表ゟ小倉表の御様子柄等能々承り候処、小笠《（小笠原）》壱岐守附属千人隊其外諸隊中之面々之儀ハ、其頭方ヲ初メ小倉表ヲ散々ニ逃去り、行衛相知れ不申候事ニ御噂有之、石坂弥次右衛門殿ヲ相始メ御組一同誠以驚入相談致居候処へ、九月五日ニ日野伊蔵殿ゟ先触到来致披見致候処、二番小隊廿七人小倉出張之者至着之先触ニ而、一先案《（安カ）》心致候内ニ、又候千人隊窪田喜八郎殿・原嘉藤次殿幷御組別手組・御持組・御目付方乗入候舟十二、三隻、三ツ浜江へ着舟之御先触等、御旅館京極殿へ御届ニ有之候ニ付、早々披見之上ニ、猶又大安心致候夫ゟ炮隊方ニ直ニ参り面談致、小倉表之軍之御模《（ママ）》模様柄委細承り候得者、以の外難儀被成候得共、先怪我等も無之仕合ニ存候、

これによれば、松山には幕府軍敗退の報がもたらされ、長州藩兵の進攻に備える必要が生じ、「以之外大騒キニ相成候」という有様であったようである。また、小倉の八王子千人同心が散り散りに逃げ去り、行方不明となってしまったとの噂が広まり、千人同心長柄方石坂弥次右衛門以下が驚愕する一幕もあったという。

もちろん、このような噂は全くの誤報であり、八王子千人同心は、混乱下であったにもかかわらず、一貫して指揮

系統を遵守し、終始にわたり集団的行動を維持していたのである。

第三節　松山逗留中の八王子千人同心の動向

松山に到着した八王子千人同心隊は、別命あるまでの間、松山に逗留するように指示される。松山逗留中は、妙向山法華寺・平安山龍泰寺等を宿舎とし、市街地の警備や軍事調練に当たった。

八月二七日には、一四代将軍徳川家茂逝去の知らせが松山に届いた。鳴物停止が命じられ、調練も見合わせとなる〔土方日記・八月二五日〕。しかし、それと同時に次のような通達がなされている。

【史料8】〔丸山日記・一〇月二七日〕

今般暫時兵事可見合旨　御所より被　仰出候、就而者自然守衛向等相弛候而者不宜、尚一層兵備者整居候様御趣意不取失候様致し度、此段厚可被心得候事、

右之趣相達可然向々江可被達候事、

八月

御持筒頭衆
軍目付衆
御使番衆
別手組頭取取締衆
千人頭衆

曾谷仙庵老
御勘定方
田澤対馬守
木原平三郎
依田釺之助

御中陰中ニ者候得共諸向銃隊訓練之義者朔日ゟ日割之通可被相心得候、此段申達候、以上
八月

服忌期間中であるにもかかわらず、九月朔日には、早くも軍事調練が再開されるというのである。近世期を通じ、鳴物停止は将軍権威による支配的装置としての意味合いを有していたことが明らかになっている(8)。しかし、ここでは儀礼的要素を超越し、直近の長州藩兵との戦闘に備えることが最も優先されているという事実は興味深い。

その軍事調練であるが、八王子千人同心は、松山逗留期間を通じ、合計三度にわたって他の幕府軍部隊と合同で軍事演習を行っている。特に注目すべきは、九月一六日の演習である。当日の様子について、「土方日記」には、次のように記録されている。

【史料9】〔土方日記・九月一六日〕

兼而御達之通朝四ツ時ニ御頭御旅宿へ相集、御場所江九ツ時ニ着、当日御一覧ニ罷出候面々者御持筒組千人隊別手組ニ主膳正殿家来一小隊、尤夫より皆々業前相済候上御逢有之候旨御達ニ付一組ツ、参り候処、皆々御揃業前も熟達致シ、直此上精々勉励セト御演舌有之候、

八王子千人同心隊の練度の高さを若年寄京極主膳正高富より称賛されたのである。一般論として、士気の高さと練度の高さは比例するというのが軍事の常識であり、高い練度を維持するためには、士気の高さが不可欠である。つま

り、八王子千人同心の練度が高かったという事実からは、隊の士気も極めて高い状態にあったであろうことが容易に読み取れるのである。

九月三日には、小倉へ出張の目付に数人の八王子千人同心が供奉し、戦地に残した傷病兵の探索を試みた。当時の小倉は、幕府軍が撤退したとはいえ、未だ小倉藩兵と長州藩兵との戦闘は継続されており、小規模な市街戦が頻発している状態であった。そのような中、小倉の地に足を踏み入れるという行為は、ほぼ確実に戦闘に巻き込まれるということを意味する。むろん、小倉行きの目的は戦闘に非ず、同士の捜索であることは明らかである。しかしながら、戦闘意欲の低い集団が、そうした危険も顧みずに仲間の救出を試みるという行為に至るとは考えにくい。動機はともあれ、ようやく安全な地域に辿り着いたにもかかわらず、敢て再び危険な戦線に赴くことを志願しているということ自体が、八王子千人同心隊の士気の高さ、戦意の持続を具現化しているといえるのではないだろうか。

しかしながら、「土方日記」慶応二年(一八六六)九月二八日条に「今日、小倉出張之御目付附属別て組ニ付差遣シ佐久間直三郎様□□《(虫損)》ニ参り候小遣弥吉夕七ツ時ニ罷帰り申聞候ニ者、小倉表ニ者長人居候故、城中江入候水沢組戦争も度々有之候得共、小倉人数打勝候様子ニ御座候、尤小倉ニて者長人多人数者居り不申由」とあるように、現地には多数とはいえないにしても長州藩兵が存在していたため、結果的に小倉に入ることは叶わなかった〔土方日記・九月二八日〕。

以上の通り、八王子千人同心は、松山逗留期間を通じ、練度・士気の双方を高水準に維持していたといえる。

一〇月四日、大坂へ総引揚げ令が下った。これに伴い、八王子千人同心隊の完全撤退が決定する。八王子千人同心長柄方の松崎兵四郎は、隊の松山到着時に、「乍去長州勢ハ天下万民ヲ悩候罪も何之水ノ中ノと何時ト成、年来之謀計合者至来、前代未聞之松花之盛んトならん、心路此侭ニ合戦終りニ相成候ハヽ、実ニ関東勢之辛労所先無全形、初状之奇特も定□□《(虫損)》、諸隊面々恥ヲ西国江顕り、帰り乗行手段無之、只々忘然姿ニ被思召抔も心涯ニ候得共、無是非来年の若葉之春を目掛有尽《(ママ)》」等と嘆いていたが、(9) こうした無念が報われぬまま、結局、長州藩兵との再戦は叶わなかったのである。

総引揚げ令が通達された直後の一〇月七日には、八王子千人同心より行方不明者探索の嘆願書が提出されている。大坂到着後の同二三日、若年寄の京極高富より「書面之趣一応承候得共京都江相越候ハ、猶可申立候事」との通達を受けている〔丸山日記・一〇月二三日〕。このように、大坂引揚げ決定後も、同士の救出には非常に前向きであったということが窺える。

一〇月九日、八王子千人同心隊は、八艘の船に分乗し、松山法龍寺を出発する。一〇月一一日には多度津に到着したが、荒天のため丸一日の間、出港を見合わせた。翌一二日の兵庫寄港を経て、翌々一四日、大坂に到着した。程なくして、八王子千人同心は、関東への帰国が命ぜられる。ここに、小倉での再戦に及ぶ機会は二度となかったのである。

おわりに

本稿では、小倉口の戦いにおいて、八王子千人同心が、主として戦闘支援を担っており、幕府軍の一角で重要な役割を果たしていたということを明らかにした。即ち、少数精鋭部隊である八王子千人同心隊は、最高指揮官である小笠原の護衛を主たる目的として小倉に派遣されており、戦線の最前線への投入は当初から想定されていなかったのである。

また、八王子千人同心が、小倉より撤退する際には、散り散りの状態にはならず、総じて指揮系統に則った集団行動をとっていた。このことは、近代的な軍隊行動の萌芽として捉えられる重要な事実である。加えて、時局が極度の混乱状態であるにもかかわらず、出奔・刃傷等、隊内の規律の乱れは全くみられない。これは、出陣前の大坂滞在時には隊士による不祥事が相次ぎ、軍規の乱れが目立っていたことと対照的である点で注目される[10]。

八王子千人同心隊が松山に逗留した際にも、市街地の警備や軍事調練、手当の支給等が行われており、敗走中であるにもかかわらず、規律に則った集団行動を継続している。それどころか、鍛錬を怠らず、長州藩兵との来る再戦に備えている姿は、もはや、敗残兵という位置づけはできまい。加えて、総じて八王子千人同心隊の士気の低下を示唆する兆候は確認できないのである。むしろ、松山での軍事演習の際には、その練度の高さを称賛される等、終始にわたり戦意が衰えていないことが窺える。

一方で、今回用いた史料だけは、八王子千人同心の細かい動向について明らかにはできない。従って、他の隊士の日記等も含めた関連史料を分析し、個別事例の実証を更に深めていくことが求められる。また、近世近代移行期において、八王子千人同心の動向が社会にどのような影響をもたらしたのか、幕末維新史全体、日本の歴史全体の概念の中で具体的な位置づけを進めていくべきであろう。今後の課題としたい。

註

（1）高橋磌一「八王子千人同心について」（『史学』一五―二、一九三六）。

（2）村上直「甲州および第二次長州征討出兵」（村上直編『増補改訂　江戸幕府八王子千人同心』、雄山閣出版、一九九三）。

(3)　吉岡孝『八王子千人同心』（同成社、二〇〇二）。

(4)　『八王子千人同心史』通史編（八王子市教育委員会、一九九二）六〇四頁。

(5)　史料2・3は『肥後藩国事史料』第六巻（侯爵細川家編纂所、一九三二）八三九〜八四〇頁。

(6)　維新史料編纂會編『維新史』第四巻（吉川弘文館、一九八三）五一四頁。

(7)　「慶応二年小倉口の戦況等聞書」（八王子市史編纂委員会編『新八王子市史』資料編、第四巻、八王子市、二〇一六、史料番号一二五八）。

(8)　中川学『近世の死と政治文化―鳴物停止と穢―』（吉川弘文館、二〇〇九）。

(9)　註(7)

(10)　八王子千人同心隊の大坂滞在中は、第一小隊組頭中村幸三郎による同塩野幸七郎刃傷事件（慶応元年八月六日）、第六小隊組頭伊奈金四郎・第八小隊組頭前島真太郎による同小池紀一郎斬殺事件（慶応元年九月二四日）等を始め、隊士による不祥事が多発していた。

長州再征における八王子千人同心の行動と意識
―石田菊太郎「御進発御用日記」を中心にして―

岩橋清美

はじめに

本稿は、武蔵国多摩郡下恩方村（現東京都八王子市）に居住していた八王子千人同心石田菊太郎が記した「御進発御用日記」を主たる分析対象として、長州再征における八王子千人同心（以下、千人同心と略す）の動向の一端を明らかにし、長州再征が千人同心という社会集団にとってどのような意義をもったのかを考えるものである。

千人同心に関する研究は村上直氏を中心に、その成立・組織・職務等について多角的に分析がなされてきたが、(1)その主要な論点は、彼らの身分的な位置付けであったと言える。つまり、日光火の番などの職務から生じる地域社会における身分的矛盾である。(2)この矛盾は、長州再征においても見られるところである。長州再征出兵時の千人同心の動向は、彼らの従軍日記の活字化によってかなり明らかになりつつある。(3)しかし、文久三年（一八六三）の江戸幕府の軍制改革によって千人同心が幕府の軍事力として編成されていくことの歴史的意義については、十分に論じられていない。(4)さらに言えば、軍制改革や農兵に関する研究成果を踏まえつつ、基本的には百姓身分である平同心が幕府軍に編成されることの意義を明らかにすることは、身分制社会の本質を考える上でも必要である。(4)

そこで本稿では、石田菊太郎の「御進発御用日記」を中心に、他の千人同心の従軍日記を適宜比較しながら、幕府軍に編成された彼らの行動と職務に対する意識を明らかにし、この問いに対する考察を行う。

第一節　八王子千人同心石田家と同家文書の概要

ここでは、まず石田家と同家の文書の概要について述べる。

石田家文書は総点数六点で、これらの複製物が稲城市に保存されている。その内訳は、①文政一一年（一八二八）「由緒書并親類書」（縦帳、二ツ綴）、②天保四年（一八三三）「日光在番日記」（縦帳、二ツ綴）、③嘉永六年（一八五三）「休泊手形帳」（縦帳、二ツ綴）、④慶応元年（一八六五）「御軍令状・御下知状」（縦帳、二ツ綴）、⑤慶応元年（一八六五）「御進発御用日記」（縦帳、二ツ綴）、⑥年未詳「薩州分限帳写」（縦帳、二ツ綴）となっている。(5)

①は同家の由緒書である。②③は日光勤番の記録で、②は日光勤番に際して提出した起請文の前書をはじめ、先触・申渡・道中証文などの写で、勤番中の職務内容は知りえない。③は嘉永六年の日光勤番時の記録で、鹿沢宿・栃木宿・堀木宿・行田町・坂戸宿・扇町屋村の宿屋の木銭・穀代の請取証文の綴である。

④は「御進発御用日記」の関連史料である。これは慶応元年五月四日に出された長州再征の申渡の写で、内容は大坂に到着するまでの道中の規則である。

⑤の「御進発御用日記」については、本稿で主として取りあげる史料なので、項を改めて記す。

⑥は、その表紙に「文化三寅年十一月　御書上薩州分限帳写」とあるが、文化三年を写本の成立年代とするには疑問が残る。この史料がどのような目的で写されたのかは不明であるが、おそらく教養の一つとして写されたものであろう。

これらの文書中には、「原半左衛門組組頭　石田彦八」、あるいは「萩原順次郎組組頭　石田彦八」という記述があり、石田家が組頭を務めていたことを示している。以上が石田家文書の概要である。同家には村方文書は残されていないため、同家と村との関係は不明である。

では、次に「由緒書并親類書」をもとに石田家について述べていきたい。

「由緒書并親類書」によると、石田家は武蔵国多摩郡下恩方村（現東京都八王子市）にあった。史料の制約上、村役人経験の有無といった村内における同家の立場はわからないが、嘉永七年（一八五四）段階で下恩方村には、同じく八王子千人同心を務める家が二一軒存在しており、その数は周辺村々と比して多い(6)。

【石田家系図】（「由緒書并親類書」をもとに作成）

……又兵衛――又兵衛――又兵衛――又七――太左衛門――彦八――菊太郎

石田家は、「由緒書并親類書」の作成者である太左衛門から遡って四代前の又兵衛の代より千人同心を務めていたと伝えられる。又兵衛は正保年中（一六四四～四八）、千人頭原半左衛門組の同心に召し抱えられ、慶安五年（一六五二）六月に「日光火之番」を務め、明暦三年（一六五七）九月に死去した。その後、石田家は代々原組の同心を務めた。

太左衛門は明和六年（一七六九）に父又七の跡を継ぎ、原組の平同心になった。同八年九月、日光勤番中に日光神橋御普請の加番を命じられた。その後、日光勤番中の安永七年（一七九八）一二月より翌年八月まで、「御宮御霊屋御修復」が行われた時にも加番を務め、褒美として白銀を賜った。太左衛門は寛政一二年（一八〇〇）、「世話役」を仰せ付けられ、文化三年（一八〇六）一一月、原組の組頭になった。「世話役」とは寛政期の「御改正」において新たに設けられた役職である。同じ千人同心組頭の塩野適斎が記した『桑都日記』によれば、「組頭に副うて隊中の事故に与るを得、若し組頭の闕あらば則ち世話役より進んで闕を補ふ」とあり、「世話役」とは組頭を補佐する者であった。(7)もっとも、近年の研究では平同心の権利保護のために活動する役職であったことが指摘されている。(8)

太左衛門の子、彦八は文政二年（一八一九）七月に「組頭役見習並」となり、同一〇年一二月「組頭見習」となった。同家の他の史料から彦八は天保四年（一八三三）までは原組の組頭、嘉永六年（一八五三）には萩原順次郎組の組頭になっていることがわかるが、この間の経緯については明確にしえない。

千人同心の旧家層とは、一般に天正・慶長期（一五七三～一六一五）から職務を務めている者を指すため、石田家は旧家層とは言い難い。しかし、寛政一二年（一八〇〇）に「世話役」を命じられことを契機に、文化三年（一八〇六）以降、組頭を務めていることから、職務には熱心だったと言える。石田家が「世話役」を務めるに至った経緯は「由緒書并親類書」には記されていないが、寛政四年閏二月、老中松平定信より達せられた学問吟味等の千人組頭改正令をはじめとする、「御改正」の影響によるものと思われる。

なお、『桑都日記』の中に見られる石田家に関する記述についても述べておきたい。文化七年（一八一〇）一二月、千人頭は組頭の「熨斗目着用」について、天正・慶長期より組頭を務めた家に対して許可しているが、この時、塩野適斎が石田太左衛門について「天正・慶長、家類世平同心進んで什長と成りし者」二〇人の一人として記している。(9)この『桑都日記』の記述によれば、石田家は天正・慶長期より同心を務め、後に組頭を務めることになったとされるが、この点については、「由緒書并親類書」の記述と矛盾する。なお、明治期以降の同家の動向は不明である。

第二節　「御進発御用日記」に見る大坂在陣中の八王子千人同心

江戸幕府は、慶応元年（一八六五）四月一九日に、前尾張藩主徳川茂徳を征長先鋒総督として（同年五月に紀州藩主徳川茂承に交代）五月一六日を期して将軍自らが進発することを決定した。千人同心は八王子千人町で行軍の稽古を行った後、四月二一日には駒場野において将軍の上覧をうけた。その後、五月一〇日に八王子を出発し、閏五月一〇日に大坂城へ到着している。

この時の千人同心の構成は本書前掲論文で触れられているように、砲術方三〇〇名、長柄方一〇〇名、太鼓方八名、御旗指方三二名であった。砲術方三〇〇名は千人頭窪田喜八郎・原嘉藤次に率いられ、八つの小隊に分かれていた。太鼓方はのちに各小隊に分けられた。各小隊は四～六名の組頭と三二名の平同心からなり、組頭は司令士・半隊司令士・左右嚮導などを務めた。石田菊太郎は第一小隊に所属し、役職には就いていない。平同心であるいは組頭見習だったと推測される(10)。しかしながら菊太郎が従軍日記を残していた背景には、組頭を務めた家であるという家意識が存在したと言える。

1「御進発御用日記」の概要

石田菊太郎の長州再征従軍日記は二点が現存する。一つは表紙に「御進発御用日記　全下」とあり、もう一つは表紙に「御進発御用日記控三」とある。二点とも形態は縦帳、かぶせ綴である。

「御進発御用日記　全下」は慶応元年（一八六五）六月八日から同年一〇月三日までの記録で、日記の末尾には「石田義武芸州出陣之砌ニ大坂陣小屋ニ而控之、慶応元年　廿一才」とある。表紙に「全下」とあるので八王子を出発して大坂に到着するまでの日記が存在した可能性もある。

「御進発御用日記控三」は「御進発御用日記　全下」の続編であり、慶応元年一〇月二日から同年一一月七日までの事柄が記されている。広島出陣にむけての準備状況を窺える内容である。菊太郎は慶応元年九月頃より体調を崩しており、同年九月一五日から二四日までの将軍上洛に際しても供奉していない。記述が一一月七日で途切れていることも、本人の体調不良と無関係ではないかもしれない。菊太郎は慶応二年四月二八日、本隊が広島に移転する途中、病気のため岡山に残留している〔小嶋日記・慶応二年四月二八日〕。

「御進発御月日記」は大坂滞在中の記録であり、記録の中心は菊太郎個人の行動記録ではなく、老中・講武所・陸軍奉行・頭局・俗事掛りからの触書・廻状の写である。これらの内容は主として、大坂滞在中の心得や、市中巡邏・調練・将軍の警衛に関する指示、滞在中の費用の割合・請取に関する事柄である。頭局とは千人頭窪田喜八郎・原嘉藤次等のことである。俗事掛りは頭局の指示を受けて警衛や巡邏等に関する具体的な手順を伝達する者であり、粟沢政右衛門・神宮寺金一郎・坂本源吾之助がこれにあたっていた。頭局の指示は俗事掛りを経て第一小隊から第八小隊へと伝達された。

菊次郎が日記に伝達事項を記録していたことは、彼の個人的資質に帰するものではなく、他の千人同心の従軍日記にも共通する。日記の作成者の多くは組頭層であり、平同心は少ない。全体的な傾向として、日記を残している者たちは司令士などの役職に就いている者も少なくなく、老中・講武所・頭局の指示を記録しておくことは、小隊のまとめ役としての職務でもあった。また、日記の内容は市中の巡邏や調練といった自身の所属する小隊の活動が中心で、他隊の情報が少ない。これに対して平同心の日記は個人の日々の行動や金銭の管理に関する記述が多く、史跡見物など、組頭の日記には見られない個人の日常が記される傾向にある(11)。

これらの点から、頭局・俗事掛りからの指示等を小隊全体に徹底させ、所属する小隊の活動を把握することが、組頭層の重要な任務だったと考えられる。平同心であった菊次郎が丸山惣兵衛・小嶋隆蔵といった組頭層の日記と同様の内容を持つ日記を記していたことは、従軍に対する意識が高かったことを示している。後述するように、大坂在陣中には殺傷事件も起きているが、それでも千人同心が長州再征を遂行できたのは、日記の記述が示すように、組頭層が各小隊を把握し、組織を支えていたからである。以下、本稿ではこの「御進発御用日記」を「石田日記」と略す。

2　大坂市中の巡邏

大坂在陣中の千人同心の主な任務は、①大坂城の警備、②大坂市中の巡邏、③大手御金改所勤番、④将軍外出時の供奉であった。このうち大坂城の警備と大坂市中の巡邏は各小隊が交代で務めた。巡邏は各隊が交代で昼夜二回行い、定められた経路をまわり、怪しい者を見かけた際は用捨なく取り押さえることが命じられていた〔小嶋日記・慶応元年七月二五日〕。一例として慶応元年（一八六五）六月二〇日の巡邏の様子を見てみよう〔丸山日記・慶応元年六月二〇日〕。

朝五ツ時（午前八時頃）揃って宿所を出発した第一・第八小隊は内本町・外本町四丁目・心斎橋・新町橋・瓢箪町を経て堀江筋に入り、玉手町の休息所で第六・第七小隊と交代した。その後、第一小隊は明石屋、第八小隊は播磨屋清九郎方で休息をとった。一方、第六・第七小隊は昼に二度ずつ四度、夜は三度ずつ六度、堀江町をまわり、翌二一日朝五ツ時に第二・第三小隊と交代した。

この堀江町筋の巡邏については、先番・後番双方の事情を鑑みて交代時間を朝六ツ時に早めることが検討された〔丸山日記・慶応元年六月二一日〕。また、休息所を提供している町方からも賄方が難渋であるとの申し立てがあり、巡邏は昼前一小隊、昼後一小隊、夜に入る前に二小隊がまわることとし、夜は五ツ時から八ツ時までに引き揚げることになった〔丸山日記・慶応元年六月二二日〕。大坂市中には多くの武家が集結していたことから、治安の維持は重要であったが、巡邏の実施においては休息所の提供や賄方等において町方の協力が不可欠であり、千人同心も町方の意向に配慮しなければならなかった。

市中巡邏における千人同心の取締り活動の一端をうかがえるものとして、以下のような事例がある。

【史料1】〔石田日記・慶応元年一〇月〕

市中巡邏として昨廿八日夜、第四小隊・第五小隊罷出、心斎橋通り相廻り候処、夜四ツ時頃長堀上嶋町平野屋重右衛門与申者途中ニ而盗賊ニ而衣類被剥取候趣注進ニ付、直様追懸ヶ候処、南久太郎町六丁目平日屋伊兵衛借家黒瀬屋宗助方へ押入、壱人者篤与逃去大雨中見失ひ、壱人者宗助家中相尋候処、店角潜居直ニ召捕相糺候処、久宝寺町心斎橋東江入、和泉屋裏菊本屋茂兵衛悴竹次郎与申者ニ候由、同類者相糺候処不申聞、全盗賊之所業ニ相聞、依之旅宿江引取申候、此段届申上候、

丑九月廿九日

第四小隊組頭
山本徳太郎
第五小隊組頭
日野信蔵

史料1は慶応元年(一八六五)九月二九日、第四小隊組頭山本徳太郎・第五小隊日野信蔵が提出した届書の写である。九月二八日、第四・第五小隊が、市中巡邏中に長堀上嶋町平野屋重右衛門の注進により盗賊を取り押さえた。盗賊二名は重右衛門の衣類を奪い、南久太郎町平田屋伊兵衛借家黒瀬宗助方へ逃げ込んだが、このうち一名が巡邏中の千人同心に捕らえられたのである。盗賊は明小屋の柱にくくりつけられ、第四・第五小隊の千人同心三名と町役人一名が監視を務め、翌二九日に大坂町奉行所与力八田千勝に引き渡された。同日、陸軍奉行を通して、盗賊を捕らえた第四・第五小隊の組頭に対して以下のような申渡がなされた。

【史料2】〔石田日記・慶応元年一〇月〕

一陸軍奉行衆より明日召捕候者人数取調之義御達ニ付、則第四・五役之兵士共人数御届ケ、第五役之三人・第四役之四人・両隊兵士四拾八人前ﾚ名御届ニ相成候、

第四・第五組頭
保坂太吉　松村政八郎
日野信蔵　小谷田徳蔵
山本徳太郎　峯尾隆太郎
中村小一郎

右者昨夜盗賊召捕手配方行届一段之事、依而目録之通り丹後守殿・伊勢守殿より被下置褒置（美）候様被仰聞、依之申渡猶出精可被致候事、

九月廿九日

第四小隊同心
小林忠兵衛
始筆廿三人

金拾両　第五小隊同心
三入弥源太
始筆廿三人

右者昨夜強盗召捕一段之事、依而目録之通り丹後守殿・伊勢守殿より被下置褒置（美）候様被仰聞、依之申渡猶出精致

度可申候事、

九月廿九日

史料2にみられるように、巡邏中に盗賊を捕らえた第四・第五小隊組頭・平同心には老中から褒美金が下賜された。組頭七名には一名につき金二分、合計金三両二分が、平同心四八名には一名につき金三朱と銀一匁二分五厘、合計金一〇両が下賜された。

史料1・2は大坂在陣中の千人同心の市中取締りの一端を示している。市中の巡邏は講武所・陸軍奉行の指示によって行われていたが、実際には大坂町奉行等とも協力関係にあった。この点は、火事等において臨時に町役人が見廻りを行った際に、怪しい者を見かけた場合は千人同心をはじめ市中の警衛にあたっている「其最寄々御供共旅宿」へ連絡するよう、大坂町奉行が市中に命じていたことからも明白である。

このほか、千人同心が大坂の治安維持に貢献した事例としては、慶応元年七月二五日、市中で乱暴に及んだ尾張徳川家目付加藤九郎右衛門家臣倉地仁右衛門を取り押さえたことがあげられる〔丸山日記・慶応元年七月二五日〕。この一件は加藤九郎右衛門の申し入れにより、倉地の身柄を加藤に引き渡すことで落着した。千人同心へは後日、加藤から肴代として金一両が届けられた。

本事件は、幕府軍の大坂在陣が長期化するに及び、地域の治安が悪化していたことを示す一例でもある。御進発掛り目付は同年七月二七日、各藩の武士に従って大坂にやってきた中間・小者の市中における不法を厳しく取り締まるとともに、不法の所業に及んだ者は見つけ次第、大坂町奉行に引き渡すよう命じている〔丸山日記・慶応元年七月二五日〕。さらに、翌日には大坂町奉行から講武所奉行衆に対して、市中に止宿する武家の惣人数、荷物の数の調査の申し入れがなされている〔丸山日記・慶応元年七月二七日〕。この点からも、大坂の治安問題は看過できない状況にあったことがわかる。

3　陣羽織着用の出願

長州再征に対する組頭層の意欲を窺える動きとして、陣羽織着用の出願がある。組頭層は慶応元年（一八六五）七月二八日、以下の文書を講武所に提出した。

【史料3】〔石田日記・慶応元年七月二八日〕

廿八日私共、身分規則之義ニ付、御取締ニも抱り候間、兼而奉願置候処、未沙汰茂無御座候得共、追々御用等被
仰付候時々旅御扶持方等別格被下置、再度　御上洛御供仕候者共ハ五人扶持一俵被下、当四月日光山法会中加番
相勤候者共ハ五人扶持一俵被下置難有仕合ニ奉存候、私共筋目之義者天正中午年先祖共於甲州被召出候義より
代々組頭役相勤、同心共小組合指揮仕、御陣之節御供陣羽織着用仕、宝永度江戸火消被仰付候節、私共与力小屋
江御差置、諸事与力之勤仕、平日御役高も被下置、平同心与者別段勤方も相違、既ニ昨子年十一月中野州辺賊徒
共甲州路江押入候ニ付、為追討急速一同甲府表江出張被仰付候節、私共陣羽織着用時日不移出立仕御用相勤候儀
ニ御座候、一昨年御上洛御供之節ハ砲術役々相勤候組頭者御羽織頂戴不仕、自分羽織着用御供仕候、此度長防御
征伐として御進発御供被仰付、御目印千ノ字紬袖御羽織、組頭・同心平等御渡被下置候ニ付、差懸候儀ニ付中上
置、私共役前々自分目印貰呉呂服襟相付着用仕候得共、小隊役とも相勤大組多人数万端指揮仕候得共、別格御取
扱も被成候而ハ自然御取締向ニも抱（拘）り候儀ニ付、古来仕来通陣羽織御目印相付着用致度奉存候、此段出格之思召
ヲ以願之通り被仰付被下置候ハヽ、御目印一際相立御守衛勉励仕度奉存候、此段幾重ニも奉願候、以上

丑七月　　　砲隊御供　千人与頭共

右の史料は慶応元年七月、砲隊組頭が陣羽織の着用を願い出たものである。

大坂在陣中の服装については、同年七月四日に俗事掛りより、市中巡邏にあたって銃隊は「稽古着袴着用」、組頭は「自分羽織」を着用するよう命じられていた。史料3では、陣羽織着用の理由として、①天正年中(一五七三〜九二)より組頭を務め、出陣時には陣羽織を着用していたこと、②宝永年中(一七〇四〜一一)に江戸火消役を務めていた際には与力として勤仕していたこと、③元治元年(一八六四)一一月の甲府出兵時にも陣羽織を着用したことをあげている。しかし、文久三年(一八六三)の将軍上洛に供奉した時には、組頭は「自分羽織」を着用しており、今回の出陣にあたっては目印として「千」の文字が染められた「紬袖羽織」が組頭と平同心に与えられた。これに対し組頭は、勤め方の異なる平同心と同様の羽織を着用していては取締りにも影響するとして、陣羽織着用を願い出たのである。組頭の陣羽織着用の論理は、文化七年(一八一〇)に生じた組頭の継裃着用一件の時と同様である。このとき、千人頭は天正・慶長より組頭を務めている者に限り裃着用を許可した。これは組頭内部における旧家層と新興層との差別化を図った措置であった(12)。

史料3は、長州征伐という幕府にとって重要な軍事出動を契機に、その地位の上昇を試みたものと言える。組頭の陣羽織着用については慶応元年一一月に老中板倉勝静より次のような申渡がなされた。

【史料4】〔小嶋日記・慶応元年一一月二三日〕

覚

千人組頭江

千人頭砲隊組頭之義は、筋目之有之先祖伝来之陣羽織も所持罷有候ニ付、已来陣羽織着用為仕度候段相伺候処、伺之通可心得旨、伊賀守殿被　仰渡候間、此段組頭共江可被申達候、

丑十一月

右御書付之通、御頭より被仰渡候ニ付、八小隊組頭一同罷出候処、右ニ付壱小隊組頭壱人ツ、物代として、陸軍奉行・歩兵奉行・陸軍附組頭・同調方右江廻勤致し候様被申聞候、

この史料が示すように、組頭層の主張は認められ、「先祖伝来之陣羽織」の着用が許可された。これをうけて千人頭は各隊の物代を選び、陸軍奉行・歩兵奉行等への返礼の廻勤を命じた。管見の限りでは、組頭層の陣羽織着用の願書は石田の日記以外には見られないが、陣羽織着用の申渡は丸山日記・土方日記にも記されている。なかでも史料4に示した小嶋日記の記述は詳細で、各隊の物代として、塩野幸七郎（第一小隊）・青柳愛太郎（第二小隊）・石元太郎（第三小隊）・斎藤忠次郎（第四小隊）・川村豊左衛門（第五小隊）・神宮寺金一郎（第六小隊）・菊谷弁之助（第七小隊）・前嶋真太郎（第八小隊）が陸軍奉行等を廻勤したことが記されている〔小嶋日記・慶応元年一一月二三日〕。つまり、陣羽織着用は組頭層にとっては自らの存在意義に関わる重大事だったのである。平同心の萩原日記には記されていないことも、これを裏付ける根拠と言えよう。

幕府は同月七日に彦根藩他三一藩に広島出兵を命じ、徳川茂承を先鋒総督に任じた。こうした緊迫した状況のなかでの陣羽織の着用許可は、各隊の要である組頭層の士気を上げるには十分であったことは想像に難くない。先述の市中巡邏の事例とあわせて考えると、千人同心の中でも、千人頭および左右嚮導役等の役職を勤める組頭は千人同心全体の身分上昇を志向し、長州再征にも積極的であったと考えられる。

4　殺傷事件の発生—大坂在陣長期化に伴う矛盾—

前掲西留論文でも触れられているように、大坂在陣が長期化するに従い、病気のために巡邏に従事できない者も出

始めてきた。菊太郎も体調不良となっていたことが日記から窺える。他の日記においても病傷者の記述が増え、各隊で調練や巡邏に従事できない者が多出していた。

慶応元年(一八六五)七月八日、俗事掛りは各隊に対して、病人多発に対応すべく病院での治療を希望する者の調査を命じ、症状の軽いうちに通院することを奨励している〔小嶋日記・慶応元年七月八日〕。

また、大坂在陣中には、千人同心が仲間を斬りつけるという凄惨な殺傷事件も起きている。日記中からは二件が確認できる。

一件目は慶応元年八月六日のことであった。この日、第一小隊組頭中村幸三郎が、突如、同隊の組頭の塩野幸七郎を斬りつけ、重傷を負わせるという事件が起きた〔石田日記・慶応元年八月六日〕。事件は直ぐに同隊の組頭坂本源五之助・八木甚之助・小野造酒之助から頭局に届けられ、当局からは塩野に治療費として金一〇両が渡された。届書によれば、中村は「癇症之体」であったところ、病状が悪化し塩野に斬りかかってしまったという。中村は塩野に対し遺恨があって及んだ行為ではなく、突発的なできごとだったと主張している。その後、中村は病症のため勤務が不可能と判断され、同心二名に付き添われ八王子に帰ることになった。

この事件は、「小嶋日記」「丸山日記」にも書かれている。情報は多少混乱していたようで、中村の病状に関しても、「石田日記」では「疱症之体」、「小嶋日記」では「乱気之体」、「丸山日記」では「癇気之体」とある。事件後の対応については、「小嶋日記」に組頭たちが塩野を見舞ったと記されている。もっとも記述が多いのは「丸山日記」で、中村幸三郎が塩野幸七郎・神宮寺金一郎・塩野貫太郎に宛てた詫び証文、塩野幸七郎の見舞金の請取書、塩野幸七郎の口上書等を写しとっており、事件後の経過も伝えている。こうした記述のあり方に、この事件が千人同心全体に与えた影響の大きさがわかる。

中村の事件から約二か月後、第八小隊組頭小池紀一郎が何者かに襲われ死亡するという事件が起きた。その状況を「丸山日記」から見ていこう。

【史料5】〔丸山日記・慶応元年九月二五日〕

口上書

八番小隊千人組与頭

小池紀一郎

右紀一郎義、昨廿四日夕方私用ニ而町方江相越候帰路、同八ツ時頃御小屋門前江参リ手疵負候旨門詰之者江為知候ニ付、不取敢村木伊之吉・小山藤吉・土方健之助罷出、紀一郎同道仕右始末相尋候処、骨屋町通リニ而何者共不相知、後口より切掛候ニ付打留可申与存候処、頂筋より肩先江疵請候事故挑灯取落、闇夜之場合追懸候得共、何れ江逃去候哉、更ニ行衛相知不申候ニ付、其儘立帰候段申聞候間、早々町医師鈴木一東呼寄療治手当仕候得共、深手ニ而存命之程無覚束存候哉、悴房吉江跡御番代願書差出候処、追々差重リ今廿五日申下刻死去仕候、右紀一郎儀平日意趣・遺恨等請候覚毛頭無之旨存命中申聞、於私共も同人申聞候通遺恨等請候者ニ無之、且心当リ之義一切無御座候、

右御尋ニ付此段申上候、以上

九月廿五日

八番千人組与頭

越石敬之助　印

前島真太郎　印

丸山惣兵衛　印

脇尾省輔殿
菊間平八郎殿

史料5は慶応元年九月二四日、骨屋町で第八小隊組頭小池紀一郎が何者かに襲われたことを同組組頭越石敬之助等が届け出た文書である。小池の傷は深く、町医師鈴木一東の治療の甲斐なく翌日死亡した。遺体は大坂下寺町の京都百万遍末大覚寺に葬むられ、八番小隊はじめ、長柄方の者たちが葬式に参列した。「丸山日記」によれば、この事件の犯人は、同じく組頭であった前島真太郎であることが判明し、翌年三月に捕えられた。前島の調書には、かねてから小池に遺恨があり、「売買屋」で酒食を共にした帰りに後ろから斬りつけ、小池から金一六両を奪ったとある。小池に切りかかった前島は、その夜「密通いたし候女の方」に一泊していた。この事件は「萩原日記」にも記されており、情報は平同心を含めた千人同心全体に広がっていた。千人同心が憂さ晴らしに新地の遊郭などに出入していたことは「萩原日記」からも散見できる。萩原は用心深い性格ゆえか、「○」「△」といった符合を用いている(13)。こうした事件の背景には、大坂在陣の長期化があり、千人同心全体の規律も緩んでいたことがある。

第三節　日記の比較に見る八王子千人同心の動向

大坂在陣中の千人同心の主たる任務は、市中の巡邏や調練などであった。巡邏中には盗賊を捕縛し、市中治安維持も担っていたが、大坂在陣が長期化するにつれ、病気により、勤務につけない者も現れ始めていた。こうしたなかで、突如発狂して仲間を斬りつけた中村幸三郎の傷害事件や、同僚を殺して金を奪うという前島真太郎の事件が発生したことは、百姓が幕府の直属軍として編成され、慣れない生活が長期化したことの矛盾であった。それでも、千人同心たちは慶応二年（一八六五）四月、大坂から広島へ向けて出発し、途中、備中浅尾で奇兵隊の襲撃に遭遇するも、老中小笠原長行に従って行動し、広島から小倉へと転戦を続けた。千人同心の主たる職務は警備などの後方支援とは言え、多くの病傷者を出している。そのようななかで、無事、職務を遂行し、八王子に帰村することができたのはなぜであろうか。その要因は二つあると考えられる。

一つは行軍上覧などにおける「将軍」の存在であり、もう一つは各小隊の組頭層の統率力である。以下では、この二点について日記の記述の比較から考えてみたい。

1　将軍家茂の上覧

千人同心は、慶応元年（一八六五）六月一四日に将軍の上覧をうけている。この様子を各日記から見ていこう。

【史料6】〔丸山日記・慶応元年六月一四日〕

十四日千人隊砲術調練　上覧ニ付、朝六ツ時八小隊繰出し原藤治殿・窪田喜八郎殿出馬ニ而玉造講武所江繰込相成、講武所調練場門入口左之方ニ千人組屯所御幕張等有之ニ付、一同屯所在候処、同日五ツ半頃講武所江公方様被為成　御覧所江出　御被遊候処、間も格別無之、千人隊繰出シニ相成候而　御覧所前ニ而大隊業前調練致シ一通リ　上覧無滞相済、御好有之砲隊一同繰出し、各隊早打方致し候上、何レも無滞両度共相済、同日八ツ半時、右御場所引取仮陣営江罷帰候、

【史料7】〔小嶋日記・慶応元年六月一四日〕

玉造講武所於　御上覧被為成候ニ付、千人隊明ケ六ツ半時八小隊講武所相詰、御頭原嘉藤次殿出張被成、大隊業前致候、

御上覧被遊、一同無滞昼八ツ半頃諸隊共御場所引取申候、

史料6・7はともに、上覧の記録であるが、「小嶋日記」(史料7)に比して「丸山日記」(史料6)は講武所に到着してからの千人隊の動向を詳細に記している。将軍の上覧は千人同心の存在を示すまたとない機会であり、この儀式をいかに丸山が重視していたかがわかる。このほかにも丸山は日記中の随所に将軍の存在を記録している。その一例として慶応元年一一月二六日に将軍が越後高田藩主の榊原政敬の行軍を上覧した時の記述があげられる(丸山日記・慶応元年一一月二六日)。丸山は榊原軍の編成について人数や持ち道具・装束を詳細に記述するとともに、将軍と榊原の様子について「公方様西御向ニ被為　在候処、南之方江御床机ヲ被為直　御対面顔、陣笠の御儘ニ而少々会釈被為有候、式部太輔殿も冠り候儘ニ而御目見」とあり、さらに将軍と榊原政敬の様子について「主従之間厚相見候」と記している。こうした記述から丸山の武士志向の強さが窺われる。

しかしながら、将軍の上覧は、丸山のような職務熱心な者だけではなく、職務に積極的ではない平同心にも少なからぬ影響を与えていた。

史料6・7と同日の「萩原日記」を見ると、「千人組砲術上らんあり、朝六ツより出方、八ツ半にて引取り申し候、(中略)公方様、墨之上下、紫下着なり」とある(萩原日記・慶応元年六月一四日)。上覧の段取りを細かく記す丸山に対して、萩原の関心事は当日、目にした将軍家茂の装束だった。しかしながら、職務内容をほとんど日記に記さない萩原が将軍の上覧について記した意義は大きい。つまり、将軍の存在が組頭から平同心までを引き付け、心意統治を可能にしたのである。

2　組頭層の統率力

る。丸山と小嶋は、将軍の上覧が行われた六月一四日の日記には、傷病により居残りになった者の名前の書き上げがある。丸山の日記には木村縫次郎・細田健次郎・小阪栄一郎・牛尾五郎左衛門の名前が〔丸山日記・慶応元年六月一四日〕、小嶋日記には伊藤源太郎・戸塚栄左衛門・菊屋弁之助・虎見佐兵衛の名前が書かれている〔小嶋日記・慶応元年六月一四日〕。両者の日記に記された名前が異なるのは、当然ながら自身の小隊の傷病者だからである。組頭層は、自己が所属する小隊の日々の活動を記す際、傷病により勤務に就けない者を書き出し、その者の健康状態の推移を記録している。自身が統率する小隊の管理を細かく行っていたのである。

慶応元年（一八六五）七月三日に「温疫の症」で死亡した平同心近藤安太郎の葬儀を通して、組頭の対応を見てみたい〔丸山日記・慶応元年七月四日〕。近藤は六月二九日から町医者の間瀬の治療を受け、「外陽散火湯」を処方されていたが、療養が叶わず七月三日五ツ時頃に死亡した。この時、近藤が所属する第八小隊は近藤を残して出張しなければならなかったため、第六小隊の組頭太田誠一郎が千人頭窪田喜八郎に内密に報告をした。夜八ツ時に至り、近藤の死骸は西南明小屋に安置され、その傍らには近藤と同郷の川口村の者達が付き添った。翌四日、第八小隊半隊司令士丸山惣兵衛は、大坂下寺町にある京都百万遍末大覚寺に赴き、近藤の葬送を依頼した。丸山が大覚寺に葬送を依頼したのは、第七小隊小峯小太郎の葬送がこの寺で行われたことによる。同日昼九ツ時、同寺で葬式が執り行われた。このように、組頭は自身の小隊の同心の世話に心を配り、場合によっては他隊の組頭の協力を得ながら隊全体を支えていたのである。

こうした組頭の心性を支えていたものは何だったのであろうか。その一つに旧家層の組頭に共通する武士志向があると考えられる。高田藩主の行軍上覧に際して丸山が「主従之間厚見候」と記したように〔丸山日記・慶応元年一一月二六日〕、行軍の煌《きら》びやかさや藩主の装束（＝陣羽織）だけではなく、藩主榊原政敬と将軍家茂の主従の関係性に関心があったのであろう。

将軍の存在は、平同心までを含む千人同心全体の心意統治に大きく影響をしたが、実態においては、千人同心の組織全体を支えていたのは組頭層であった。旧家層の組頭たちは、陣羽織着用願いに見られるように非常に武士志向が強い。こういった武士志向が全体の紐帯となり、傷病者・死亡者の細かい対応に繋がり、全体を支えていたのである。

おわりに

本稿では、砲術方第一小隊石田菊太郎の従軍日記を中心にして、大坂在陣中の千人同心の動向の一端を紹介した。千人同心の大坂在陣中の主な職務は、大坂城の警備、大坂市中の取締り、軍事調練、将軍外出時の供奉であった。市中の取締りは大坂町奉行所との協力関係のもとに行われ、千人同心は盗難等の取締りにも貢献した。慶応元年(一八六五)九月に老中から褒美金が下賜されたことはその一例である。しかしながら大坂在陣が長期化するに及び、各藩の藩士の綱紀粛正や市中治安の悪化が問題化し、それに加えて病気により勤務が叶わなくなる者も増加した。こうした混乱が、第一小隊組頭の中村幸三郎や第八小隊組小池紀一郎の事件を生じさせたと言える。長州再征への従軍は、千人同心にとって、それまでの百姓としての日常生活では経験し得ない事柄であったが、それにもかかわらず成しえた背景には、将軍の身近に自らの存在を置くという非日常性と組頭層の統率力であったと考えられる。

本稿では十分に論じられなかったが、旧家層の組頭でかつ高齢で役職を担っていた丸山惣兵衛の日記には、しばしば将軍家茂の姿や各藩の大名の陣容や装束などが詳細に記されている。千人同心の行軍の上覧については、勤務内容をほとんど日記に記さない平同心萩原安右衛門でさえ、将軍の装束の色を日記に記していた。将軍の上覧は大きな出になった。

来事であり、その存在が千人同心の心意統治に影響していたことは間違いない。しかし、こうした将軍の存在をもっとも強く意識し、自らも武士志向を有していたのは旧家層の組頭であり、その意識が陣羽織着用願いを出させることになった。

組頭の詳細な日記は、自らの小隊をまとめようとした努力の現れであり、組頭層が千人同心全体を支えていたことの証左である。旧家層を中心に彼らの多くが東照宮を信奉していたことはすでに指摘されているところであるが[14]、彼らのこうした志向性が、将軍の身体性とあいまって千人同心の長州出陣を支えたのである。彼らの武士志向は、慶応三年（一八六七）一二月に倒幕をもくろむ薩摩藩邸浪士隊が仕組んだ荻野山中陣屋焼き討ち事件などの取締り活動に繋がっていくのであり、巨視的な視点にたてば、まさに百姓が自ら百姓身分を越えた瞬間だったのである。

註

（1）村上直編『八王子千人同心史料』（雄山閣出版、一九七五）、同編『江戸幕府千人同心史料』（文献出版、一九八二年）、同編『江戸幕府八王子千人同心』（雄山閣出版、一九八八）、八王子市教育委員会『八王子千人同心史』資料編Ⅰ・Ⅱ（一九九〇）。

（2）馬場憲一「江戸幕府御家人株売買の実態について」（『古文書研究』三六、一九九二）、神立孝一「八王子千人同心」（久留島浩編『シリーズ身分的周縁　支配を支える人々』（吉川弘文館、二〇〇〇）、吉岡孝『八王子千人同心における身分越境―百姓から御家人へ―』（岩田書院、二〇一七）。

（3）長州再征に従軍した八王子千人同心の日記を活字化したものに、日露野好章「史料紹介　小倉出張日記・九州日記手控　八王子千人同心八木甚之助忠直の記録」（『東海史学』二二、一九八七）、秋川市教育委員会『御進発御供中諸事筆記』上・中・下（秋川市教育委員会、一九八七。以下「丸山日記」と略す）、長田かな子「続 相模原の八王子千人同心―小山村萩原安右衛門の長州従軍日記」（『相模原市立図書館古文書室紀要』一四、一九九〇。以下「萩原日記」と略す）、小山まほろば会・町田市自由民権資料館編『小島隆蔵「御進発御供日記」』一・二（町田市教育委員会、二〇一一・二〇一三。以下「小嶋日記」と略す）、日野の古文書を読む会研究会部会『十九歳の長州出兵記録 慶応元年 御進発御用日記』（日野市郷土資料館、二〇一三）がある。

（4）軍制改革については、熊澤徹「幕末の軍制改革と兵賦徴発」（『歴史評論』四九九、一九九一）等がある。農兵については多くの成果があるが、ここでは本稿との関係で身分論の視点から論じた研究として、久留島浩「近世の軍役と百姓」（『日本の社会史』第四巻、岩波書店、一九八六）を掲げておく。

（5）石田家文書は稲城市史編纂事業において発見された史料である。

（6）馬場憲一「八王子千人同心の在村分布について―その実態と変遷を中心に―」（東京都教育委員会『学芸研究紀要』七、一九九二）。

（7）鈴木龍二編『桑都日記』（鈴木龍二記念刊行会、一九七二）八三三頁。

（8）吉岡註（2）書、第三章第一節。

（9）鈴木註（7）書、九〇一頁。

（10）長州再征に出兵した八王子千人同心の各隊の編成および役職については、吉岡本書前掲論文参照。

（11）長田註（3）論文で紹介されている萩原安右衛門の日記がこれにあたる。

（12）吉岡孝「八王子千人同心の身分と文化―近世後期における文化と地域編成―」（『関東近世史研究』三二、一九九二）。

（13）長田註（3）論文。

（14）　中野光浩『諸国東照宮の史的研究』（名著刊行会、二〇〇九）。

付記　本稿は拙稿「幕末期における八王子千人同心の動向―八王子千人同心組頭石田菊太郎『御進発御用日記』を中心として―」（『稲城市史研究』五、一九九四）を大幅改稿したものである。改稿にあたり、稲城市郷土資料室に所蔵されている石田家文書の複写物を利用した。

結びにかえて―本書成立の経緯―

吉岡　孝

本書成立の端緒は二〇一七年に遡る。編者の一人吉岡は、この年から國學院大學大学院の授業を担当することになった。吉岡はその直前に、八王子千人同心に関する書籍（『八王子千人同心における身分越境―百姓から御家人へ―』岩田書院、二〇一七年三月）を上梓しており、それは時期的には江戸時代初頭から幕末期の動向をまとめたものであった。そこで、その続きとして幕末期の八王子千人同心の動向を究明すれば、この集団の全体像がみえてくるのではないかと思念した。幕末期の八王子千人同心の動向といえば、その影響から考えて第二次長州征討を措くわけにはいかない。幸い、それ以前に町田市自由民権資料館の御厚意により、八王子千人同心小嶋隆蔵の日記（小島達也家文書）を写真に撮らせていただいていたので、この内、未翻刻の部分を講読し、他の史料等を加味して考察を加えて、問題点を明らかにする報告を大学院生にしてもらうことにした。

そのような演習を一年続け、学期末にはレポートを提出してもらった。それらを読みながら思ったことは、これは今までの八王子千人同心研究では比較的なおざりにされてきた分野であり、これを刊行して世に示せば裨益することも多いのではないかということであった。しかし具体的にどのようにすればよいか悩んでいるうちに望外の吉報に接した。

それは関東近世史研究会会長の大友一雄先生からのものであり、同会の月例会において吉岡に報告して欲しいというものであった。筆者が思ったのは、提出されたレポートもそれなりの水準ではあったが、それをよりよいものにするために、八王子千人同心と第二次長州征討に関するシンポジウムをこの院生たちを報告者として開催するのが望ましいのではないかということであった。この案を大友先生にご相談すると、快く受諾していただいた。結局、関東近世史研究会二〇一八年七月例会において「シンポジウム　八王子千人同心からみた第二次長州征討」を東洋大学において開催することができた。大友先生を始め、関東近世史研究会の関係者の方々には改めて御礼申し上げたい。以下はその折りの次第である。

シンポジウム「八王子千人同心からみた第二次長州征討」
　日時：二〇一八年七月一四日(土)一三時～
　会場：東洋大学白山キャンパス六号館二階六二〇一教室
〈問題提起・基調報告〉
八王子千人同心からみた第二次長州征討……………吉岡　孝
〈個別報告〉
八王子千人同心における洋式軍隊化の実態…………宮澤　歩美
大坂から広島までの八王子千人同心の動向…………井上　翼
小倉から大坂までの八王子千人同心の動向…………辻　博仁
八王子千人同心と医療………………………………西留いずみ

シンポジウム終了後、それをそのまま会誌『関東近世史研究』で公表してもらうことも考えたが、より慎重を期し、再度練り上げて成果を公表しようということになった。そこで八王子千人同心に関する成果もあり、國學院大學文学部に出講いただいていた国立国文学研究資料館准教授の岩橋清美先生に協力を仰ぐことになり、共同編集に加わっていただいた。多忙なスケジュールにもかかわらず、御協力いただいた岩橋先生には改めて感謝申し上げたい。そして成ったのが本書である。

（二〇一九年九月）

付記　関東近世史研究会におけるシンポジウムの問題提起は、二〇一八年六月一日付の筆者のブログ「青く高き声を歴史に聴く」（blog.livedoor.jp/yoshiokaa1868）に掲載している（長文のため、ここでの再録は控えておく）。なお当日のシンポジウムについては、『関東近世史研究』第八三号（二〇一九年七月）に要旨を掲載した。

なお次頁の「長州征討行程図」の掲載に当たっては、日野市郷土資料館及び日野の古文書を読む会のご配慮を得た。記して感謝の意を表する次第である。

筆者は二〇一九年度國學院大學よりサバティカル（長期研究休暇）をいただいており、本書はその成果である。

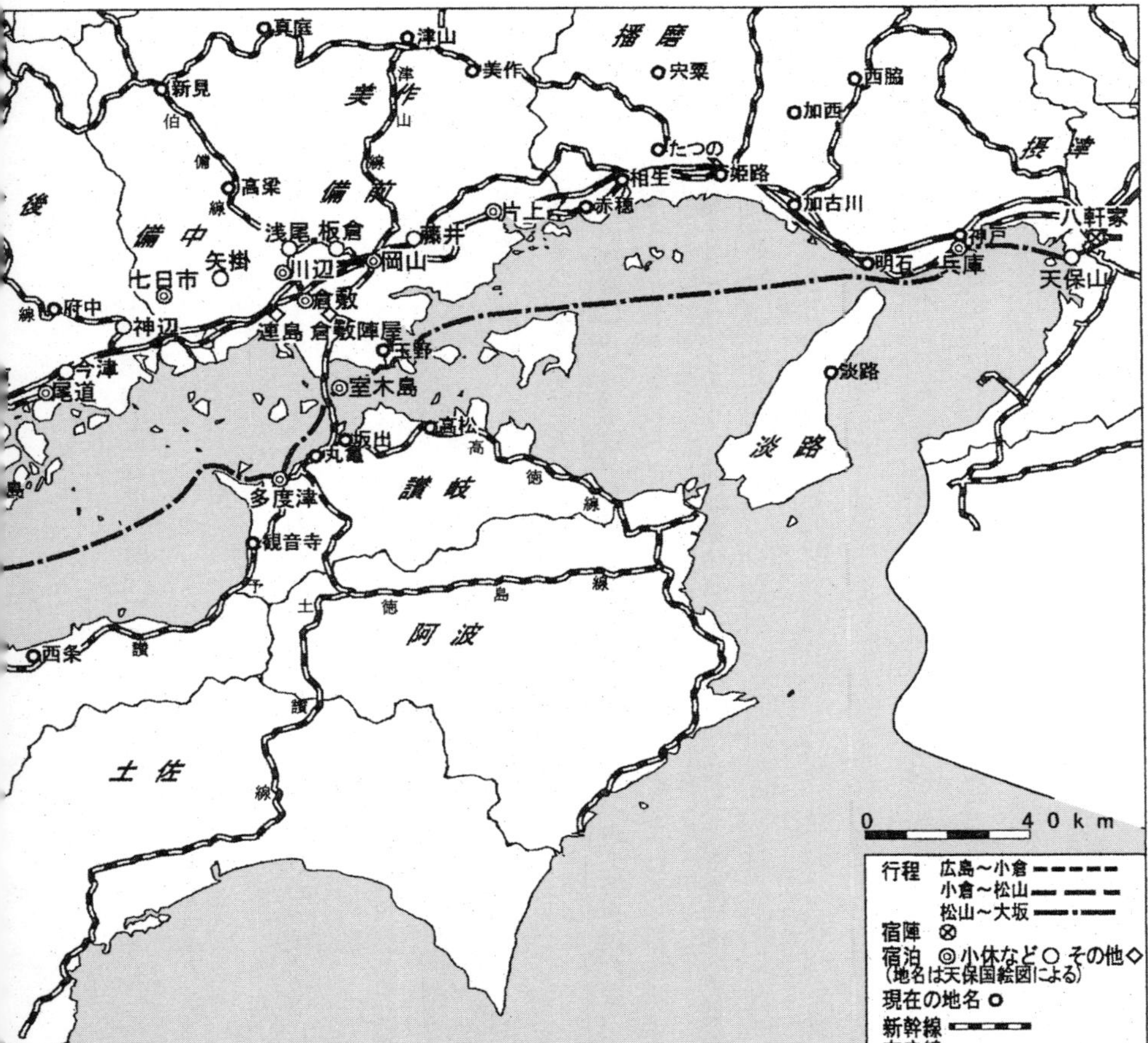

真庭
津山
美作
宍粟
西脇
新見
加西
たつの
相生
姫路
高梁
赤穂
加古川
片上
八軒家
浅尾
板倉
藤井
矢掛
川辺
岡山
神戸
七日市
明石
兵庫
天保山
府中
倉敷
神辺
連島
倉敷陣屋
玉野
今津
尾道
室木島
淡路
坂出
高松
丸亀
多度津
観音寺
西条
播磨
美作
備前
備中
備後
摂津
淡路
讃岐
阿波
土佐
伯備線
津山線
高徳線
徳島線
予讃線
土讃線
0
40km
行程
広島～小倉
小倉～松山
松山～大坂
宿陣
宿泊
小休など
その他
（地名は天保国絵図による）
現在の地名
新幹線
在来線

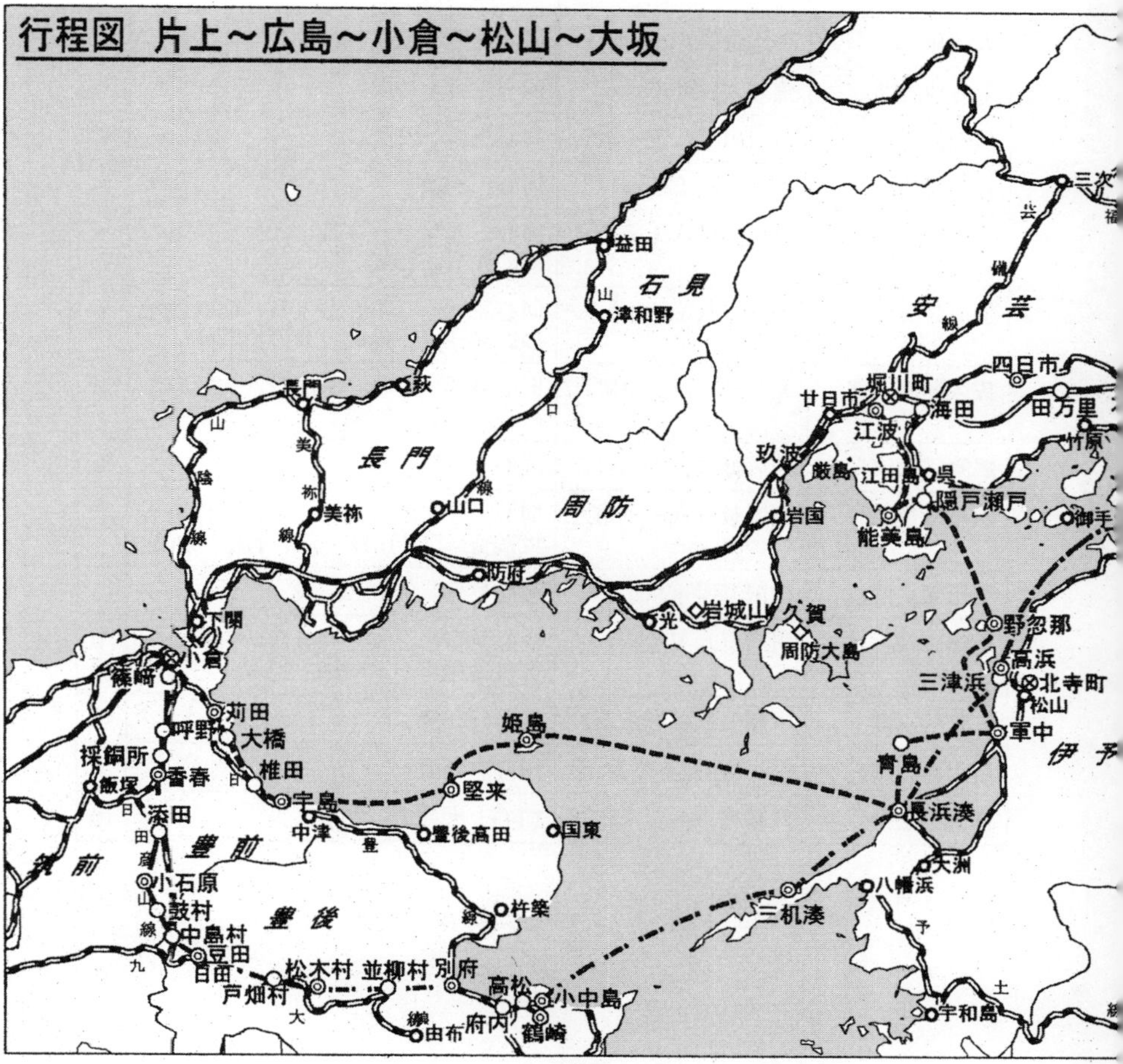

土方健之助「慶応元年御進発御用日記」（土方日記）による長州征討行程図
日野の古文書を読む会提供。作成：前田元治。

元図は『慶応元年御進発御用日記：十九歳の長州出兵記録』（日野の古文書を読む会研究部会　解読・集、日野市郷土資料館、2013年）所収。

左上タイトル「行程図　片上～」の「片上」は、岡山の東方「◎片上」。

「片上～広島」の行程は、◎○●で示されているが、線では示されず。

岩田書院 刊行案内（27）

			本体価	刊行年月
047	福江　　充	立山曼荼羅の成立と縁起・登山案内図	8600	2018.07
051	木本　好信	時範記逸文集成＜史料選書６＞	2000	2018.09
052	金澤　正大	鎌倉幕府成立期の東国武士団	9400	2018.09
053	藤原　　洋	仮親子関係の民俗学的研究	9900	2018.09
054	関口　功一	古代上毛野氏の基礎的研究	8400	2018.09
055	黒田・丸島	真田信之・信繁＜国衆21＞	5000	2018.09
056	倉石　忠彦	都市化のなかの民俗学	11000	2018.09
057	飯澤　文夫	地方史文献年鑑2017	25800	2018.09
058	國　　雄行	近代日本と農政	8800	2018.09
059	鈴木　明子	おんなの身体論	4800	2018.10
060	水谷・渡部	オビシャ文書の世界	3800	2018.10
061	北川　　央	近世金毘羅信仰の展開	2800	2018.10
062	悪党研究会	南北朝「内乱」	5800	2018.10
063	横井　香織	帝国日本のアジア認識	2800	2018.10
180	日本史史料研	日本史のまめまめしい知識３	1000	2018.10
064	金田　久璋	ニソの杜と若狭の民俗世界	9200	2018.11
065	加能・群歴	地域・交流・暮らし＜ブックレットH25＞	1600	2018.11
066	保阪・福原・石垣	来訪神 仮面・仮装の神々	3600	2018.11
067	宮城洋一郎	日本古代仏教の福祉思想と実践	2800	2018.11
068	南奥戦国史	伊達天正日記 天正十五年＜史料選書７＞	1600	2018.11
069	四国地域史	四国の中世城館＜ブックレットH26＞	1300	2018.12
070	胡桃沢勘司	押送船	1900	2018.12
071	清水紘一他	近世長崎法制史料集２＜史料叢刊12＞	18000	2019.02
072	戸邉　優美	女講中の民俗誌	7400	2019.02
073	小宮木代良	近世前期の公儀軍役負担と大名家＜ﾌﾞｯｸﾚｯﾄH26＞	1600	2019.03
074	小笠原春香	戦国大名武田氏の外交と戦争＜戦国史17＞	7900	2019.04
075	川勝　守生	近世日本石灰史料研究12	5400	2019.05
076	地方史研究会	学校資料の未来	2800	2019.05
077	朝幕研究会	論集 近世の天皇と朝廷	10000	2019.05
078	野澤　隆一	戦国期の伝馬制度と負担体系＜戦国史18＞	6800	2019.06
079	橋詰　　茂	戦国・近世初期 西と東の地域社会	11000	2019.06
080	萩原　三雄	戦国期城郭と考古学	6400	2019.07
081	中根　正人	常陸大掾氏と中世後期の東国＜戦国史19＞	7900	2019.07
082	樋口　雄彦	幕末維新期の洋学と幕臣＜近代史23＞	8800	2019.08
083	木本　好信	藤原南家・北家官人の考察＜古代史13＞	4900	2019.08
084	西沢　淳男	幕領代官・陣屋 データベース	3000	2019.08
085	清水　紘一	江戸幕府と長崎政事	8900	2019.08
086	木本　好信	藤原式家官人の考察	5900	2019.09

岩田書院 刊行案内 (26)

	著者	書名	本体価	刊行年月
006	中野　達哉	鎌倉寺社の近世	2800	2017.09
007	飯澤　文夫	地方史文献年鑑2016＜郷土史総覧19＞	25800	2017.09
008	関口　　健	法印様の民俗誌	8900	2017.10
009	由谷　裕哉	郷土の記憶・モニュメント＜ブックレットH22＞	1800	2017.10
010	茨城地域史	近世近代移行期の歴史意識・思想・由緒	5600	2017.10
011	斉藤　　司	煙管亭喜荘と「神奈川砂子」＜近世史46＞	6400	2017.10
012	四国地域史	四国の近世城郭＜ブックレットH23＞	1700	2017.10
014	時代考証学会	時代劇メディアが語る歴史	3200	2017.11
015	川村由紀子	江戸・日光の建築職人集団＜近世史47＞	9900	2017.11
016	岸川　雅範	江戸天下祭の研究	8900	2017.11
017	福江　　充	立山信仰と三禅定	8800	2017.11
018	鳥越　皓之	自然の神と環境民俗学	2200	2017.11
019	遠藤ゆり子	中近世の家と村落	8800	2017.12
020	戦国史研究会	戦国期政治史論集　東国編	7400	2017.12
021	戦国史研究会	戦国期政治史論集　西国編	7400	2017.12
024	上野川　勝	古代中世 山寺の考古学	8600	2018.01
025	曽根原　理	徳川時代の異端的宗教	2600	2018.01
026	北村　行遠	近世の宗教と地域社会	8900	2018.02
027	森屋　雅幸	地域文化財の保存・活用とコミュニティ	7200	2018.02
029	谷戸　佑紀	近世前期神宮御師の基礎的研究＜近世史48＞	7400	2018.02
030	秋野　淳一	神田祭の都市祝祭論	13800	2018.02
031	松野　聡子	近世在地修験と地域社会＜近世史48＞	7900	2018.02
032	伊能　秀明	近世法制実務史料 官中秘策＜史料叢刊11＞	8800	2018.03
033	須藤　茂樹	武田親類衆と武田氏権力＜戦国史叢書16＞	8600	2018.03
179	福原　敏男	江戸山王祭礼絵巻	9000	2018.03
034	馬場　憲一	武州御嶽山の史的研究	5400	2018.03
037	小畑　紘一	祭礼行事「柱松」の民俗学的研究	12800	2018.04
038	由谷　裕哉	近世修験の宗教民俗学的研究	7000	2018.04
039	佐藤　久光	四国猿と蟹蜘蛛の明治大正四国霊場巡拝記	5400	2018.04
040	川勝　守生	近世日本石灰史料研究11	8200	2018.06
041	小林　清治	戦国期奥羽の地域と大名・郡主＜著作集２＞	8800	2018.06
042	福井郷土誌	越前・若狭の戦国＜ブックレットH24＞	1500	2018.06
043	青木・ﾐﾋｪﾙ他	天然痘との闘い：九州の種痘	7200	2018.06
045	佐々木美智子	「俗信」と生活の知恵	9200	2018.06
046	下野近世史	近世下野の生業・文化と領主支配	9000	2018.07
048	神田より子	鳥海山修験	7200	2018.07
049	伊藤　邦彦	「建久四年曾我事件」と初期鎌倉幕府	16800	2018.07
050	斉藤　　司	福原高峰と「相中留恩記略」＜近世史51＞	6800	2018.07

岩田書院 刊行案内 (25)

			本体価	刊行年月
965	上原　兼善	近世琉球貿易史の研究<近世史44>	12800	2016.06
967	佐藤　久光	四国遍路の社会学	6800	2016.06
968	浜口　　尚	先住民生存捕鯨の文化人類学的研究	3000	2016.07
969	裏　　直記	農山漁村の生業環境と祭祀習俗・他界観	12800	2016.07
971	橋本　　章	戦国武将英雄譚の誕生	2800	2016.07
973	市村・ほか	中世港町論の射程<港町の原像・下>	5600	2016.08
974	小川　　雄	徳川権力と海上軍事<戦国史15>	8000	2016.09
976	小田　悦代	呪縛・護法・阿尾奢法<宗教民俗９>	6000	2016.10
977	清水　邦彦	中世曹洞宗における地蔵信仰の受容	7400	2016.10
978	飯澤　文夫	地方史文献年鑑2015<郷土史総覧19>	25800	2016.10
979	関口　功一	東国の古代地域史	6400	2016.10
980	柴　　裕之	織田氏一門<国衆20>	5000	2016.11
981	松崎　憲三	民俗信仰の位相	6200	2016.11
982	久下　正史	寺社縁起の形成と展開<御影民俗22>	8000	2016.12
983	佐藤　博信	中世東国の政治と経済<中世東国論６>	7400	2016.12
984	佐藤　博信	中世東国の社会と文化<中世東国論７>	7400	2016.12
985	大島　幸雄	平安後期散逸日記の研究<古代史12>	6800	2016.12
986	渡辺　尚志	藩地域の村社会と藩政<松代藩５>	8400	2017.11
987	小豆畑　毅	陸奥国の中世石川氏<地域の中世18>	3200	2017.02
988	高久　　舞	芸能伝承論	8000	2017.02
989	斉藤　　司	横浜吉田新田と吉田勘兵衛	3200	2017.02
990	吉岡　　孝	八王子千人同心における身分越境<近世史45>	7200	2017.03
991	鈴木　哲雄	社会科歴史教育論	8900	2017.04
992	丹治　健蔵	近世関東の水運と商品取引 続々	3000	2017.04
993	西海　賢二	旅する民間宗教者	2600	2017.04
994	同編集委員会	近代日本製鉄･電信の起源	7400	2017.04
995	川勝　守生	近世日本石灰史料研究10	7200	2017.05
996	那須　義定	中世の下野那須氏<地域の中世19>	3200	2017.05
997	織豊期研究会	織豊期研究の現在	6900	2017.05
000	史料研究会	日本史のまめまめしい知識２<ぶい&ぶい新書>	1000	2017.05
998	千野原靖方	出典明記 中世房総史年表	5900	2017.05
999	植木・樋口	民俗文化の伝播と変容	14800	2017.06
000	小林　清治	戦国大名伊達氏の領国支配<著作集１>	8800	2017.06
001	河野　昭昌	南北朝期法隆寺雑記<史料選書５>	3200	2017.07
002	野本　寛一	民俗誌・海山の間<著作集５>	19800	2017.07
003	植松　明石	沖縄新城島民俗誌	6900	2017.07
004	田中　宣一	柳田国男・伝承の「発見」	2600	2017.09
005	横山　住雄	中世美濃遠山氏とその一族<地域の中世20>	2800	2017.09

【編者・執筆者紹介】掲載順

岩橋　清美（いわはし・きよみ）　國學院大学・法政大学兼任講師
吉岡　　孝（よしおか・たかし）　國學院大學文学部教授

宮澤　歩美（みやざわ・あゆみ）　徳川林政史研究所非常勤研究生
　　　　　　　　　　　　　　　　國學院大学大学院博士課程後期在学中
高野　美佳（たかの・みか）　　　上田市立博物館学芸員
西留いずみ（にしとめ・いずみ）　國學院大学大学院博士課程後期在学中
井上　　翼（いのうえ・つばさ）　國學院大學大学院博士課程前期在学中
辻　　博仁（つじ・ひろひと）　　國學院大學大学院博士課程前期修了

幕末期《ばくまつき》の八王子《はちおうじ》千人同心《せんにんどうしん》と長州征討《ちょうしゅうせいとう》

2019年（令和元年）11月　第１刷　700部発行　　定価［本体3000円＋税］

編　者　岩橋 清美・吉岡　孝

発行所　有限会社岩田書院　代表：岩田　博　　http：//www.iwata-shoin.co.jp

〒157-0062　東京都世田谷区南烏山4-25-6-103　電話03-3326-3757　FAX03-3326-6788

組版・印刷・製本：亜細亜印刷

ISBN978-4-86602-081-5 C3021　￥3000E

八王子千人同心砲隊構成表

『小嶋日記』一（慶応元年５月10日条）を基本に、『土方日記』、『中村家文書』、『増補改訂版　新選組・八王子千人同心関係史料集』（井上源三郎資料館）、『八王子千人同心史』通史編で補なった。

居住地欄の（——）は、地名が複数存在するなどのため、現在地が不明の場合を示す。備考欄の元年・２年は、それぞれ慶応元年・２年を指す。年齢は特に断りがない限り慶応２年。

第１小隊（癸16人＋戊９人＋庚８人＋丙５人＝計37＋太鼓方１人）

名前	居住地	備考	組
塩野幸七郎	組屋敷（八王子市）	中司令士（組頭）	癸
八木甚之助	中沢（相模原市）	半隊司令士（組頭）	戊
小野酒造之助	犬目（八王子市）	右嚮導（組頭見習）	庚
中村幸三郎	伊奈（あきる野市）	左嚮導（組頭） 元年８月６日、発狂帰国。	丙
坂本源吾輔	牛沼（あきる野市）	押伍（組頭）	癸
坂本淀五郎	馬場横町（八王子市）		戊
藤本兵助	組屋敷（八王子市）		戊
織田金八	下長房舟田(八王子市)	２年４月８日、36歳で病気のため大坂残留、５月15日、広島で合流。	庚
後藤徳兵衛	楢原（八王子市）		庚
粟澤造酒蔵	組屋敷（八王子市）		戊
山下由太郎	宮下（八王子市）	２年９月27日、37歳の時、松山で死亡、世話役。	癸
市川金八	四ツ谷（日野市）	元年12月４日、大坂で病気のため帰国。	癸
窪田万太郎	組屋敷（八王子市）		戊
市倉猪三郎	五日市（あきる野市）		戊
楠重次郎	下川口（八王子市）		庚
堀田直三郎	山入（八王子市）		庚
井上歌次郎	駒木野（八王子市）		癸
井上寛吾	元八王子（八王子市）		丙
伊野権之助	乞田（多摩市）		戊
森田五郎次	五日市（あきる野市）		戊
小池新八	中野（八王子市）		癸
小池五郎助	上野原（八王子市）		庚
石井吉五郎	嶋之坊（八王子市）		癸
原直二郎	川口（八王子市）		丙
矢野粂輔	寺田（八王子市）		癸

峯尾金蔵	不明		丙
富沢萬吉	草花（八王子市）		戊
石田菊太郎	川原宿（八王子市）	２年４月28日、病気のため岡山に残留。21歳。	癸
設楽甚九郎	組屋敷（八王子市）	元年11月20日、17歳で大坂で病死。	癸
小浦芳五郎	三田（八王子市）		丙
佐藤四郎	宇津木（八王子市）		癸
瀬沼久太郎	山入（八王子市）		庚
中上梅次郎	川口（八王子市）		癸
筒井倉蔵	案下（八王子市）		癸
佐藤為次郎	留原（あきる野市）		癸
立川喜代蔵	落合（――――）		庚
清水平蔵	不明		癸
榛沢熊太郎	扇町谷（入間市）	太鼓方　本来の住居は小谷田根岸村（入間市）、16歳。	癸

第２小隊（丁17人＋丙16人＋辛２人＋不明２人＝計36＋太鼓方１人）

名前	居住地	備考	組
八木岡米太郎	組屋敷（八王子市）	小司令士（組頭）　２年２月４日、病気のため帰国。	丁
二宮左門太	組屋敷（八王子市）	半隊司令士（組頭）	丙
二宮代次郎	組屋敷（八王子市）	右嚮導（組頭）	丙
高橋林太郎	組屋敷（八王子市）	左嚮導（組頭）	辛
青柳愛太郎	組屋敷（八王子市）	太鼓方師匠（組頭か）	辛
落合重吉	椚田落合（八王子市）		丙
内海小太郎	伊奈（あきる野市）		丙
野口幸吉	犬目（八王子市）		丙
石川萬蔵	新地（八王子市）		丙
早川多喜蔵	元八王子（八王子市）		丁
名倉七左衛門	四ッ谷（日野市）	２年２月12日、病死。	丁
濱中勝太郎	組屋敷（八王子市）		丁

虎見登之助	元八王子（八王子市）		丙
渡邊三蔵	川口（八王子市）		不明
吉野彦次郎	元八王子（八王子市）		不明
和田光之丞	本宿（八王子市）		丙
植田助太郎	組屋敷（八王子市）		丙
村内初五郎	留所（あきる野市）	2年3月29日、御供御免のため帰国。	丁
原倉之助	館（八王子市）		丁
上野倉吉	元八王子（八王子市）		丙
松崎庄兵衛	戸吹（八王子市）		丙
秋山平蔵	犬目（八王子市）		丁
清水福次郎	山入（八王子市）		丁
冨岡伊右衛門	諏訪宿（八王子市）		丁
小町清五郎	小川（小平市）		丁
小池定五郎	不明		丁
三神伊勢次郎	不明		丁
柴崎時之助	立川（立川市）		丁
中村長次郎	不明		丙
三沢初五郎	戸吹（八王子市）		丙
三沢幾五郎	戸吹（八王子市）		丙
杣田栄次郎	元八王子（八王子市）		丁
込谷斧三郎	中野（八王子市）		丁
鈴木清次郎	駒木野（八王子市）		丙
荻島竹次郎	宮ノ下（八王子市）		丁
石井喜代八	山田（八王子市）		丙
石田藤太郎	組屋敷（八王子市）	太鼓方	丁

第3小隊（己13人＋丁8人＋癸7人＋庚7人＋乙2人＋丙1人＝計37＋太鼓方1人）

名前	居住地	備考	組
三入太忠次	丹木（八王子市）	中司令士（組頭）	己

坂本三介	戸吹（八王子市）	半隊司令士（組頭）	癸
越石元太郎	組屋敷（八王子市）	右嚮導（組頭）	己
濱中金蔵	山田（八王子市）	左嚮導（組頭）	丁
植田賢次郎	組屋敷（八王子市）	押伍（組頭）	庚
野澤寅吉	組屋敷（八王子市）	２年３月29日、御供御免のため帰国。	己
中村禎太郎	組屋敷（八王子市）		己
西山長松	子安（八王子市）		己
天野時三郎	裏宿（青梅市）	２年８月25日、27歳で病死。	癸
坂本武平	子安（八王子市）		癸
小山初蔵	小山田（町田市）		乙
村野亀太郎	原中野（八王子市）		庚
永野藤兵衛	山入（八王子市）		己
平野金兵衛	雨間（あきる野市）		己
川井銀次郎	三田（八王子市）	元年閏５月５日、疱瘡のため死亡。	丁
中里芳三郎	柚木（青梅市）		庚
堀田喜右衛門	山入（八王子市）		庚
野口光之助	上平井（日の出町）		己
碇石小平太	元八王子(八王子市)		丁
森田卯之助	大和田（八王子市）		丁
野口佐津之助	上平井（日の出町）		乙
福島勘左衛門	十日市場(八王子市)		癸
設楽辰五郎	宮下（八王子市）		癸
虎見伊左衛門	元八王子(八王子市)		丁
坂本春吉	戸吹（八王子市）		己
斎藤里五郎	三田（八王子市）		丁
小林文作	案下（八王子市）		庚
青木仁作	三田（八王子市）		庚
依田利七	左入（八王子市）		庚
飯室正蔵	組屋敷（八王子市）		己

石井八十八	大沢（八王子市）		己
梅田粂右衛門	組屋敷（八王子市）	2年3月29日、御供御免のため帰国。	己
虎見清次郎	元八王子(八王子市)		丁
瀬沼与一郎	山入（八王子市）		己
岡部庄次郎	三田（八王子市）		癸
峯尾甚内	御所水（八王子市）		癸
鈴木丑蔵	川口（八王子市）		丁
泉精次郎	組屋敷（八王子市）	太鼓方	丙

第4小隊（庚15人＋戊14人＋乙4人＋甲3人＝計35＋太鼓方1人）

名前	居住地	備考	組
保坂太吉	組屋敷（八王子市）	小司令士（組頭）	庚
山本徳太郎	組屋敷（八王子市）	半隊司令士（組頭）	庚
斎藤忠次郎	戸吹（八王子市）	右嚮導（組頭）	戊
青木壮十郎	乙津（あきる野市）	左嚮導（組頭）　2年8月25日、松山で死亡。	戊
小林忠兵衛	組屋敷（八王子市）		庚
後藤平作	組屋敷（八王子市）		庚
戸田文平	落合（――――）		庚
守屋清八	組屋敷（八王子市）		戊
小川伊八	元八王子（八王子市）		戊
吉澤濱蔵	大戸（町田市）		戊
中村菊三郎	留所（あきる野市）		戊
北嶋留蔵	案下（八王子市）		戊
平野林太郎	大柳（青梅市）	元年9月5日、25歳で大坂で病死。	庚
並木廣吉郎	立川（立川市）		戊
加藤熊蔵	原宿（八王子市）		庚
木村忠作	辺名村（――――）		庚
中村国太郎	油平（あきる野市）	病人付添で一端帰国、広島で陸軍奉行竹中重固付に。世話役26歳。	戊

小谷田健蔵	下川口（八王子市）	旗役組頭	乙
栗原森次郎	案内（八王子市）	２年３月29日、御供御免のため帰国。	戊
早川孫一郎	留原（あきる野市）		戊
新野祐兵衛	丹木（八王子市）		庚
清水善太郎	組屋敷（八王子市）		庚
小浦竹蔵	三田（八王子市）		乙
長沢房次郎	横山宿（八王子市）		戊
大澤嘉津平	大沢（八王子市）		戊
新野彦七	椚田村案内（八王子市）		庚
村木嶋次郎	平井（日の出町）	２年４月８日、病気のため大坂残留、５月15日、広島で合流。	庚
町田忠太郎	下川口（八王子市）	元年７月３日、25歳で大坂で病死。	庚
斎藤国蔵	新地（八王子市）		甲
荒井平次郎	三内（あきる野市）		甲
峯尾隆太郎	新地（八王子市）	組頭	甲
太田誠之助	本宿（八王子市）	元年８月３日、35歳で大坂で病死。	乙
大塚源次郎	川村（八王子市）	２年３月５日、病気のため帰国。	庚
堀部愛太郎	雨間（あきる野市）		戊
小谷田与市	川口（八王子市）		乙
佐々木寅次郎	組屋敷（八王子市）	太鼓方	庚

第５小隊（乙９人＋己８人＋丙７人＋戊７人＋癸７人＝計37＋太鼓方１人）

名前	居住地	備考	組
日野信蔵	日野宿（日野市）	中司令士（組頭）	丙
川村豊左衛門	組屋敷（八王子市）	半隊司令士（組頭）	癸
松村政八郎	新地（八王子市）	右嚮導（組頭）	乙
中村小一郎	組屋敷（八王子市）	左嚮導（組頭）	己
粟澤汶右衛門	組屋敷（八王子市）	押伍（組頭）　２年３月25日、御供御免につき帰国。	戊
三入弥源太	大沢（八王子市）	２年２月24日、大坂で病死。	己

山崎徳太郎	組屋敷（八王子市）		乙
山口和吉	豊田（日野市）		癸
宮崎五三郎	宮下（八王子市）		己
小坂弥兵衛	案内（八王子市）		戊
岸徳次郎	新地（八王子市）		乙
志村太一	不明		癸
松本門次郎	川原宿（八王子市）		乙
朝倉菊之助	八木宿（八王子市）		乙
石山忠三郎	元八王子（八王子市）	元年７月６日、33歳で大坂で病死。	戊
吉澤源太郎	八木宿（八王子市）		癸
松村次郎兵衛	散田村新地(八王子市)		己
大塚市右衛門	狭間（八王子市）		乙
磯沼恵蔵	小比企（八王子市）		乙
久保藤五郎	川口（八王子市）		己
吉野安五郎	川村（八王子市）		癸
大貫安次郎	原宿（八王子市）		丙
竹内岡太郎	嶋坊（八王子市）	２年２月10日、大坂で出奔。	己
山崎長兵衛	三田（八王子市）		癸
志村與四郎	日野宿（日野市）		乙
佐々木歌之助	館（八王子市）		丙
番場孫左衛門	山入（八王子市）		己
三嶋吉兵衛	小門（八王子市）		乙
山本定次郎	川口（八王子市）		戊
山本当蔵	横川（八王子市）	２年３月29日、御供御免につき帰国。	戊
守屋菊次郎	留原（あきる野市）		戊
宮岡源助	大久野（日の出町）		丙
秋山斧平	犬目（八王子市）		己
天野忠兵衛	駒木野（八王子市）	２年４月８日、大坂に残留、５月15日広島で合流。	丙

串田利三郎	川原宿（八王子市）		丙
高橋右源太	元八王子（八王子市）		(癸)
佐藤源吾	堀瑞野中（小平市）		丙
飯田徳右衛門	組屋敷（八王子市）	太鼓方	戊

第6小隊（甲13人＋乙９人＋壬９人＋辛６人＝計36＋太鼓方１人）

名前	居住地	備考	組
太田誠一郎	組屋敷（八王子市）	小司令士（組頭）	辛
神宮寺金一郎	組屋敷（八王子市）	半隊司令士（組頭）	壬
猪子照平	寺町（八王子市）	右嚮導（組頭）	甲
伊奈金四郎	八木宿（八王子市）	右嚮導（組頭）　２年３月９日、大坂町奉行揚屋入。	乙
大野平角	組屋敷（八王子市）		壬
鳥羽順蔵	組屋敷（八王子市）		壬
川井国太郎	下川口（八王子市）		乙
鈴木楠五郎	狭間（八王子市）		乙
佐藤良平	宇津木（八王子市）		甲
新井次郎助	大久野玉ノ川（日の出町）		甲
馬場助太郎	川口（八王子市）		甲
双木隼之助	不明		甲
大森助八	組屋敷（八王子市）		壬
萩原安右衛門	小山（相模原市）		壬
中村隼次郎	犬目（八王子市）	２年３月25日、御供御免につき帰国。	甲
小俣金吾	大横町（八王子市）		甲
朝倉泰助	河内（奥多摩町）		乙
水嶋孫四郎	川口（八王子市）		甲
宮崎松次郎	不明		甲
中村逸八	牛沼（あきる野市）		甲
天野伊三郎	新地（八王子市）		乙

市川磯五郎	四ツ谷（日野市）		乙
飯室源次	三田（八王子市）	２年４月８日、病気のため大坂残留、５月15日、広島合流。	甲
松永新蔵	諏訪宿（八王子市）		甲
奥住兵次郎	上川口（八王子市）	２年４月８日、病気のため大坂残留、５月15日、広島合流。	辛
金子幸三郎	椚田村（八王子市）	２年３月５日、病気のため大坂から帰国。	辛
八木岡三郎	戸吹（八王子市）		辛
山崎三蔵	中藤（武蔵村山市）		辛
飯田定之助	元八王子（八王子市）		乙
井上諄助	柚木中野（八王子市）		甲
田中小重郎	小山田（町田市）		壬
高城貞蔵	組屋敷（八王子市）		乙
瀬沼弥源太	大柳（青梅市）		辛
福田福松	本郷宿（八王子市）		乙
田中左膳司	丹木（八王子市）		壬
田中耕助	片倉（八王子市）	２年２月24日、大坂で病死。	壬
大野重太郎	八幡宿（八王子市）	太鼓方	壬

第７小隊（甲15人＋壬12人＋乙８人＋丁３人＝計37＋太鼓方１人）

名前	居住地	備考	組
伊藤源太郎	新地（八王子市）	中司令士（組頭）	甲
戸塚栄左衛門	宮ノ下（八王子市）	半隊司令士（組頭）	乙
菊谷弁之助	元八王子（八王子市）	右嚮導(組頭)　２年４月８日、病気のため大坂残留、５月15日、広島で合流。	甲
小嶋隆蔵	小山（町田市）	左嚮導（組頭）	壬
虎見佐兵衛	元八王子（八王子市）	押伍（組頭）	丁
川村虎次郎	駒木野（八王子市）	元年７月25日、大坂で病死。28歳。	甲
奥住次郎作	川口（八王子市）		甲
荒野喜藤太	犬目（八王子市）		甲

吉澤由五郎	諏訪宿（八王子市）	２年３月５日、大坂から病気のため帰国。	甲
片山五郎八	留原（あきる野市）		甲
乙津幾五郎	熊川（福生市）		壬
加藤福太郎	元八王子（八王子市）		丁
井上権三	柚木中野村(八王子市)		乙
青木佐次郎	打越（八王子市）		甲
川辺雅楽吉	村山村（────）		壬
内田七太郎	子安（八王子市）		乙
内田俊太郎	元八王子（八王子市）	２年９月24日、松山で病死。	丁
丸山宗司	大横町（八王子市）		壬
佐藤新右衛門	案内（八王子市）	２年３月25日、大坂から病気のため帰国。	甲
峯尾縫次郎	下長房（八王子市）		甲
小川元次郎	村山村（────）		壬
清水福蔵	深沢（あきる野市）		乙
村木柳之助	平井（日の出町）		壬
松永七五郎	大沢（八王子市）		甲
飯室源吾	宮下（八王子市）	２年４月８日､病気のため大坂残留､５月15日、広島で合流。	甲
村木元五郎	平井（日の出町）		壬
大久保仙蔵	打越（八王子市）		壬
戸田民蔵	宇津木（八王子市）		壬
比留間花吉	組屋敷（八王子市）		壬
小峯小太郎	留原（あきる野市）	元年７月２日、大坂で病死。(25歳)。	甲
金子宇右衛門	落合（────）		乙
秋間松之助	落合（────）		乙
沢田勘七	案内（八王子市）		壬
土方浅吉郎	青柳（国立市）		乙
青木紋平	案下（八王子市）		甲

久保太郎吉	川口（八王子市）		壬
丹沢半蔵	新地（八王子市）		甲
武藤長六	組屋敷（八王子市）	太鼓方	乙

第8小隊（辛24人＋壬7人＋己4人＋乙2人＝計36＋太鼓方1人）

名前	居住地	備考	組
前島真太郎	組屋敷（八王子市）	小司令士（組頭）　2年3月9日、大坂町奉行揚屋入。20歳。	辛
丸山惣兵衛	雨間（あきる野市）	半隊司令士（組頭）　61歳。	辛
小池紀一郎	中野（八王子市）	右嚮導（組頭）　元年9月24日、大坂で斬殺。35歳。	壬
越石敬之助	組屋敷（八王子市）	左嚮導（組頭見習）　20歳。	己
伊藤寅吉	三田（八王子市）	同心見習　2年4月8日、病気のため大坂残留、9月23日、松山で合流。26歳。	辛
山本関蔵	犬目（八王子市）	同心見習　34歳。	辛
秋間桂三郎	落合（――――）	同心見習　2年3月5日、大坂から病気のため帰国。26歳。	辛
天野小十郎	組屋敷（八王子市）	同心　42歳。	辛
井上松五郎	日野宿（日野市）	世話役　44歳。	辛
山崎元兵衛	本郷（八王子市）	同心　40歳。	辛
町田留右衛門	川原宿（八王子市）	同心　35歳。	辛
小山藤吉	打越（八王子市）	同心見習　25歳。	壬
織田嘉吉	椚田村（八王子市）	同心　33歳。	辛
森宗十郎	元八王子（八王子市）	同心見習　29歳。	辛
小川卯太郎	元八王子（八王子市）	同心見習　20歳。	辛
牛尾五郎右衛門	川口（八王子市）	同心見習　26歳。	壬
小坂栄三郎	案内（八王子市）	同心　24歳。	壬
西山粂太郎	梅坪（八王子市）	同心　34歳。	辛
野口卯兵衛	犬目（八王子市）	同心　39歳。	己
村木伊之吉	大久野（日の出町）	同心見習　24歳。	辛

青木秀次郎	打越（八王子市）	同心見習　26歳。	辛
秋山重太郎	下川口（八王子市）	同心　元年８月17日、大坂で病気のため死去。26歳。	辛
宮岡弥格	大久野（日の出町）	同心見習　２年６月１日、病気のため広島残留、松山で合流。22歳。	乙
大澤孫市	小比企（八王子市）	同心見習　32歳。	乙
土方健之助	荒井（日野市）	同心見習　19歳。	壬
川野伊之八	下川口（八王子市）	同心見習　21歳。	辛
青木伊代蔵	小津（八王子市）	同心　20歳。	辛
近藤安太郎	上川口（八王子市）	同心　元年７月３日、大坂で病気のため死去。19歳。	辛
加島斧三郎	案下（八王子市）	同心見習　２年６月１日、病気のため広島残留、松山で合流。22歳。	辛
佐久間直三郎	大久野（日の出町）	同心見習　２年７月30日、病気のため小倉残留。37歳。	壬
嶋崎常次郎	大久野（日の出町）	同心　21歳。	壬
木村縫次郎	組屋敷（八王子市）	同心　２年４月８日、病気のため大坂残留、５月15日、広島合流。49歳。	辛
細田健之助	柳沢（西東京市）	同心見習　20歳。	己
瀧嶋弥市	川口（八王子市）	同心見習　２年３月５日、大坂から御供御免につき帰国。21歳。	辛
大野乾三郎	中藤（武蔵村山市）	同心　20歳。	辛
石川藤五郎	二ノ宮（あきる野市）	同心　28歳。	辛
師岡権之助	八幡宿（八王子市）	同心　太鼓方　25歳。	己